高年齢労働者が
安全・健康に働ける
職場づくり

エイジフレンドリーガイドライン
活用の方法

中央労働災害防止協会

まえがき

　わが国の健康寿命が世界最高水準となり、国は「人生 100 年時代」を掲げ、高年齢者から若者まですべての人が元気に活躍でき、安心して暮らせる社会づくりの取組みを進めています。

　60 歳以上の高年齢労働者の雇用者数も過去 10 年で 1.5 倍に増えている一方、労働災害による休業 4 日以上の死傷者数において 60 歳以上の労働者の占める割合は増加傾向にあります。このため、高年齢者が安心して安全に働ける職場環境づくりや、労働災害の予防的観点からの高年齢労働者の身体機能の維持向上のための健康づくりが、これまで以上に重要な課題となっています。

　こうした課題を背景に、令和元年 8 月より「人生 100 年時代に向けた高年齢労働者の安全と健康に関する有識者会議」が開催され、同有識者会議報告書をもとに、令和 2 年 3 月に「エイジフレンドリーガイドライン」が公表されました。

　このガイドラインには、高年齢労働者が安心して働ける安全な職場環境づくりや健康づくりを推進するため、高年齢労働者を使用する事業者や労働者に求められる事項がまとめられています。

　本書では、各事業場において同ガイドラインの内容を取り入れ活動を進めるうえでの一助となるよう、同有識者会議の構成員による解説とともに、事業場で利用できるコンサルティングなどのサービス、先進的に取り組んでいる企業事例を紹介しています。

　本書を経営者ならびに人事労務担当者をはじめ、広く関係者にご活用いただき、各事業場における高年齢労働者の働きやすい職場づくりに寄与できれば幸いです。

令和 2 年 11 月

中央労働災害防止協会

目次

※ 本書では、「エイジフレンドリーガイドライン」の対象となる方々を「高年齢者」、あるいは「高年齢労働者」と表記しています。

第1章

エイジフレンドリーガイドライン、その他法令の動き

この章で学ぶこと

○第1章では、「エイジフレンドリーガイドライン」の趣旨と高年齢者に関係する労働安全衛生法令について解説します。

1　はじめに

　令和元年 8 月、厚生労働省の設置した「人生 100 年時代に向けた高年齢労働者の安全と健康に関する有識者会議」（以下、「有識者会議」という。）が開催されました。

　有識者会議では、高年齢者の身体機能についての長期的な推移や壮年者との比較から分かる特性を整理するとともに、年齢、性別及び経験期間が労働災害の発生率に与える影響について分析したほか、高年齢者の安全衛生対策に積極的に取り組んでいる企業等の担当者や関連分野の有識者へのヒアリングを実施したうえで、働く高年齢者の安全と健康に関して幅広く検討が行われました。

　全 5 回の開催を経て令和 2 年 1 月には有識者会議報告書がまとめられ、同報告書を受けて令和 2 年 3 月に厚生労働省から「エイジフリーガイドライン」が公表されました。

　以下に同ガイドラインの概要を紹介します。

ガイドライン

第 1　趣旨（抄）

　本ガイドラインは、労働安全衛生関係法令とあいまって、高年齢労働者が安心して安全に働ける職場環境づくりや労働災害の予防的観点からの高年齢労働者の健康づくりを推進するために、高年齢労働者を使用する又は使用しようとする事業者（以下「事業者」という。）及び労働者に取組が求められる事項を具体的に示し、高年齢労働者の労働災害を防止することを目的とする。

　事業者は、本ガイドラインの「第 2　事業者に求められる事項」のうち、各事業場における高年齢労働者の就労状況や業務の内容等の実情に応じて、国のほか、労働災害防止団体、独立行政法人労働者健康安全機構（以下「健安機構」という。）等の関係団体等による支援も活用して、高年齢労働者の労働災害防止対策（以下「高齢者労働災害防止対策」という。）に積極的に取り組むよう努めるものとする。

　労働者は、事業者が実施する高齢者労働災害防止対策の取組に協力するとともに、自己の健康を守るための努力の重要性を理解し、自らの健康づくりに積極的に取り組むよう努めるものとする。

2　高年齢者の労働安全衛生に関する法令

　労働者の健康確保に関する労働安全衛生関連法令は当然ながら高年齢労働者にも適用されますが、ここでは特に高年齢者に関連した条文等および「安全配慮」について規定した労働契約法について紹介します。

【労働安全衛生法】

　　（中高年齢者等についての配慮）

　第62条　事業者は、中高年齢者その他労働災害の防止上その就業に当たって特に配慮を必要とする者については、これらの者の心身の条件に応じて適正な配置を行うように努めなければならない。

【安全衛生教育等推進要綱（平成3年1月21日付基発第39号）】

　　高年齢労働者について以下の記述があります。

　5．教育等の推進に当たって留意すべき事項

　　⑷　高年齢労働者

　　　　高年齢労働者については、高年齢向けの機器の開発、職場環境の改善、適正配置とともに、高年齢労働者自身の安全衛生に対する意識付けが重要である。

　　　　このため、経営トップ等に対する教育等の実施に当たっては、高年齢労働者の労働災害の現状と問題点、高年齢労働者の転倒災害等の労働災害防止対策、高年齢労働者の能力に応じた適正配置に関する事項を含めて実施する。機械設備の設計・製造を担当する者に対しては、高齢者の心身機能等に配慮すべき事項を含めた教育等を実施する。

　　　　また、一定年齢に達した労働者に対しては、加齢に伴う心身機能の低下の特性、心身機能に応じた安全な作業方法に関する事項についての教育等を実施する。

　　　　なお、高年齢労働者の安全衛生教育等においては、対象者の理解度に応じて、反復学習の機会を与えることが望ましい。

【労働契約法】（平成 20 年 3 月 1 日施行）

　　（労働者の安全への配慮）

　第 5 条　使用者は、労働契約に伴い、労働者がその生命、身体等の安全を確保しつつ労働することができるよう、必要な配慮をするものとする。

　高年齢者に特化した規定ではありませんが、労働者の安全確保に責任を有する事業者にとっては、本規定も重要となります。

> ※　労働者に対する経営側の者の呼び方は法によりさまざまです。労働基準法では「使用者」、労働安全衛生法関連では「事業者」、高年齢者雇用安定法および雇用対策法では「事業主」、労働契約法では「使用者」を使いわけています。定義もそれぞれの法律で異なりますので注意が必要です。

第**2**章

高年齢労働者を取り巻く状況

この章で学ぶこと

○第2章では、ガイドライン作成の背景となる高年齢者の就業状況、加齢に伴う心身機能の低下と健康状況の変化、労働災害発生状況、業務上疾病状況および企業における高年齢者の安全と健康確保に関する取組み状況などを紹介します。

高年齢者の就業状況

（1）少子高齢化の進展

　わが国では、少子高齢化が進展しています。平成30（2018）年に総人口に占める15〜64歳人口の割合は59.7％と過去最低の水準となり、その一方、65歳以上人口の割合は28.1％に及んでいます（**図1**）。将来の人口推計をみると、この割合は今後も増加を続け、2065年には40％近くになると推計されています。

（2）職場における高年齢者の増加

　平成30（2018）年と平成20（2008）年の60歳以上雇用者数を業種別に比較すると、保健衛生業は2.6倍、商業は1.6倍、建設業は1.3倍、製造業は1.2倍と、いずれの業種でも増加しています（**図2**）。

（3）高年齢になっても働く意欲は高い

　35〜64歳を対象としたアンケート調査によると、60歳を過ぎても働きたい人は81.8％を占めています。さらに、65歳を過ぎても働きたい人は50.4％と半数を占め、今後も高年齢者の就労者の増加が見込まれます（**図3**）。

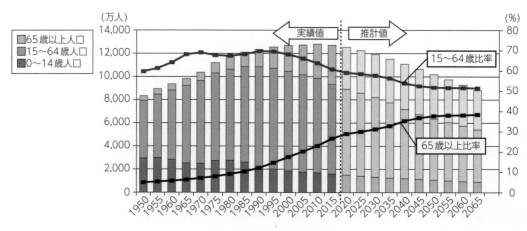

図1　日本の人口の推移

（出典：総務省「国勢調査」および「人口統計」、国立社会保障・人口問題研究所「日本の将来推計人口」（平成29年推計）：出生中位・死亡中位推計」（各年10月1日現在人口）厚生労働省「人口動態統計」より）

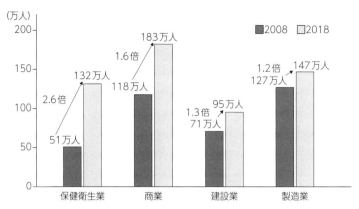

図2　60歳以上の雇用者数の変化（業種別、2008年と2018年比較）

（厚生労働省「人生100年時代に向けた高年齢労働者の安全と健康に関する有識者会議報告書」をもとに作図）

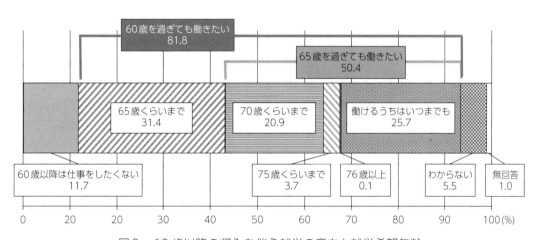

図3　60歳以降の収入を伴う就労の意向と就労希望年齢

（出典：内閣府「高齢期に向けた『備え』に関する意識調査」（平成25年）より）

2　加齢に伴う心身機能の低下と健康状況の変化

（1）心身機能の低下

　加齢に伴い低下する心身機能にはさまざまなものがあります。**図4**のレーダーチャートにはさまざまな心身機能が示されています。これは、20～24歳（または最高期）の心身機能を100として、55～59歳になるとどれだけ低下するかを示したものです。

　55～59歳の値をつなげると、その形はいびつになっていますが、これは、心身機能には大きく低下するもの（例：「夜勤後体重回復」は27％まで低下）がある一方、それほど低下しないもの（例：「屈腕力」、「握力」、「背筋力」などの筋力は20～25％の低下）があることを表しています。

　加齢に伴う心身機能の低下は、その特徴として、生理的機能（特に平衡機能、感覚機能）は早い時期から低下が始まり、筋力の低下は脚力から始まって身体の上方へ向かい、手の指先へと進むといわれています（**図5**）。

　高年齢者は、心身機能の低下を自覚することが難しく、このため、自分のピーク時の状態をイメージしたまま無理をして、その結果、被災してしまうことがあります。一方、長年の経験と技能の蓄積は熟練とよばれ、高度で複合的な作業能力を生み出すなど、高年齢者の優れた点も忘れてはいけません。

20～24歳ないし最高期を基準とした場合の55～59歳の者の各機能水準（％）

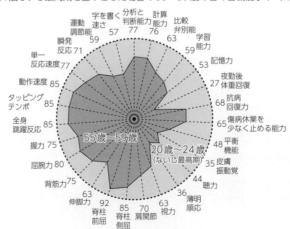

図4　加齢に伴う心身機能の低下

（出典：斉藤一、遠藤幸男：高齢者の労働能力（労働科学叢書53）労働科学研究所 1980より）

　加齢に伴い心身機能は個人差が拡大することに注意が必要です。**図6**は、暦年齢（実年齢）に応じた生理的年齢（個々人の発育や老化の程度を年齢化したもの）の幅、すなわち個人差をみたものです。

　例えば、暦年齢 65 歳の人の生理的年齢の個人差は 16 年にも及びます。これは、65 歳の人の中には、生理的年齢が 50 代の若々しい人がいる一方、生理的年齢が 70 歳を超え、心身機能の衰えが顕著に見受けられる人がいることを示しています。

高年齢労働者を取り巻く状況

第2章

```
┌──────────────────────────────────────────────┐
│            加齢に伴う心身機能低下のポイント            │
├──────────────────────────────────────────────┤
│ ①生理的機能（特に、感覚機能、平衡機能）は、早い時期から低下が │
│   始まります。                                  │
│ ②筋力の低下は、脚力で始まり、体の上方へ向かい、手の指先へと進 │
│   みます。                                     │
│ ③訓練によって得た能力（知識・技能）は、長時間使用するほど維持 │
│   できます。                                   │
│ ④経験と技能の蓄積は、熟練を構成し、より高度で複合的な作業能力 │
│   を生みます。                                  │
│ ⑤中高年期以降は、心身機能の個人差が拡大します。           │
└──────────────────────────────────────────────┘
```

図 5　加齢に伴う心身機能低下のポイント

（出典：東京労働局労働基準部「高年齢化時代の安全・衛生　災害防止のためのガイドライン」より）

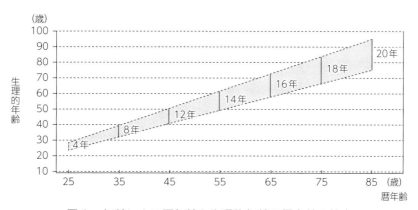

図 6　加齢による暦年齢と生理的年齢の個人差の拡大

（出典：斉藤一、遠藤幸男：高齢者の労働能力（労働科学叢書 53）労働科学研究所 1980 より）

(2) 労働災害につながりやすい心身機能の低下など

加齢に伴う心身機能の低下について、職場の安全に関わりの深いものを以下に示します。

ア　バランス感覚（平衡機能、姿勢のバランス保持）

墜落災害などにつながるのがバランス感覚の低下です。バランス感覚は閉眼片足立ちテストで測ります（**図7**）。男性の場合、バランス感覚は20代前半をピーク（約90秒）にその後は急激に低下します（70歳で20秒以下）。

バランス感覚が低下すると、「脚立上でふらつく」、「大きな荷物を抱えながら歩くことが困難である」などの問題が出てきます。

イ　とっさの動き（全身敏捷性、反応動作、その正確さと早さ）

墜落や転倒などを回避するには、とっさの俊敏な動きが必要です。全身敏捷性はジャンプ・ステップ・テスト（**図8**）で測ります。これは30cm四方のマスのなかに両足を入れ、前後左右にジャンプしては元の位置に戻ることを繰り返し、10秒間の移動回数を計測します。男性は10代後半、女性は10代前半でピーク（約30回）を迎え、その後は急激に低下します（70歳で約12回（**図9**））。

とっさにうまく動けなくなると、「段差につまずき転倒したとき、手や足を出せない」、「物が落ちてきたり倒れてきたりしても逃げられない」などの問題が出てきます。

ウ　視力

目の働きは、視力の低下のほか、近くから遠くへ（またはその逆）目のピントを調整する力（遠近調整力）の低下、暗い場所での視力（低照度下視力）の著しい低下、明るい場所から急に暗い場所（またはその逆）に移る際の視力の著しい低下（明暗順応）等があります。

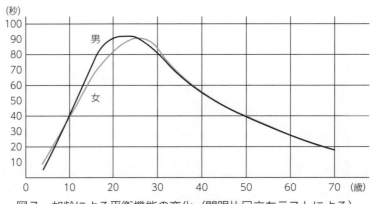

図7　加齢による平衡機能の変化（閉眼片足立ちテストによる）

（出典：石橋富和：高齢者の心身能力と交通安全(5)；交通安全教育 No204.1983.8　日本交通安全教育普及協会より）

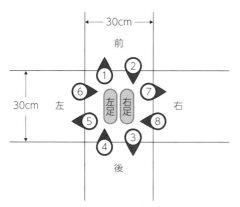

図8　ジャンプ・ステップ・テストの飛ぶ方
　　　向と順序

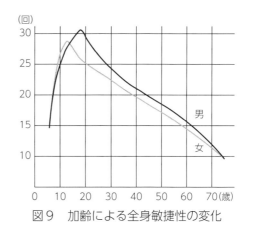

図9　加齢による全身敏捷性の変化

（出典：石橋富和：高齢者の心身能力と交通安全(5)；交通安全教育
　　　　No204.1983.8　日本交通安全教育普及協会より）

　視力の低下により、「天井の低いところが薄暗いと、頭をぶつけやすい」、「足場を踏み外し、転落しそうになる」などの問題が出てきます。

エ　筋力

(a)　握力（工具や重量物の把持力）

　握力は、男性では20〜30歳でピークを迎えますが、手はよく使うため、それ以降はゆるやかに低下していきます。

　おとろえた握力で工具などを持つと、「長時間、工具が持てない」、「ドライバーが回せない」、「ハンマーがすっぽ抜ける」などの問題が出てきます。

(b)　背筋力（重量物の支えや運搬）

　背筋力は、男性では20歳代後半から30歳代前半でピークを迎え、以後は大きく低下していきます。

　背筋力が低下すると、「重量物が運べない」、「天井を見上げながらの作業がつらい」などの問題が出てきます。

(c)　脚筋力（歩行や立姿勢の維持）

　脚筋力とは両脚で踏ん張る力のことです。20歳以降から急激に低下します。

　この力の低下により、「思った以上に足が上がらず、つまずいて転ぶ」、「長時間の立ち仕事は脚が疲れる」などの問題が出てきます。

(d)　柔軟性

　作業場所が狭く、無理な体勢で作業せざるを得ないことがあり、このような作業で身体の柔軟性がおとろえていると、「狭い所で作業をして腰を痛める」、「長時間、同じ姿勢で作業がしづらい」などの問題が出てきます。身体柔軟性は立位体前屈で測り

ます（**図10**）。男女ともに10代後半でピークを向かえた後、40代まで大きく低下し、その後は緩やかに低下します。

(e)　聴力

聴力も加齢とともに低下します。**図11**は、さまざまな条件のもと会話の理解度が20代を100として、加齢に伴いどの程度低下するかを示したものです。これをみると、普通の会話では、年を重ねてもそれほど低下しませんが、会話中に他の音が入ると理解度が著しく低下します。例えば、電話中、耳に受話器を当てながら話をしているとき、近くにいる人に話しかけられると、電話の聞き取りが急に悪くなることがあげられます。

また、周囲の騒音が激しいと、「機械の異常音に気づかず、車両の接近に気づかないことがある」などの問題が出てきます。

(f)　疲労回復力

加齢に伴い疲労回復力が低下します。疲れにより脳の働きも低下し、安全活動にも悪影響をもたらします。

そうすると、「疲れが取れず動きが鈍くなる」、「休憩時間が増える」などの問題が出てきます。

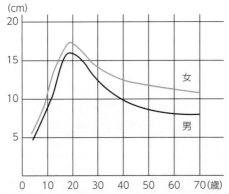

図10　加齢による身体柔軟性の変化（前屈テストによる）

(出典：石橋富和：高齢者の心身能力と交通安全(5)；交通安全教育　No.204.1983.8　日本交通安全教育普及協会より)

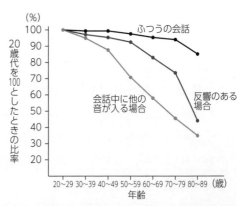

図11　加齢による種々の条件下での会話理解程度の変化

(出典：長町三生「企業と高齢化社会」51p、日本能率協会マネジメントセンター、1977（一部改変）より)

⒢ 記憶力

　高年齢になると記憶力も低下します。長い年月をかけて蓄積した記憶はあまり損なわれませんが、一時的に覚える短期の記憶力は加齢に伴い急激に低下します。

　記憶力が低下すれば、「よく寸法を忘れ、建設現場と加工場を行き来する※」、「作業マニュアルが覚えられない」などの問題が出てきます。

※注　建設現場は構造物を作り上げる場所。一方、加工場は、鉄筋、型枠など、材料を構造物の形状に合わせ加工する場所。ひとつの事業場に建設現場と加工場があると、加工場で加工して、加工したものを建設現場に運び、取り付ける。

⒣ やりがい、満足度の向上

　加齢に伴いさまざまな心身機能は低下しますが、一方、仕事に対するやりがい、満足度は大きくなります（**図12**）。これは忘れてはならない大切なことです。

　高年齢者からは、「できるだけ長く仕事を続けようと頑張る意欲が湧く」、「完成時の満足度は大きい」などの声があげられています。

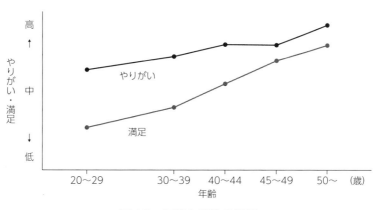

図12　年齢と意欲の関係

(出典：池田敏久：中高年齢者の安全；'91 産業安全対策シンポジウム（中高年齢者の安全対策）、1991　日本プラントメンテナンス協会・日本能率協会より)

(3) 健康状況の変化

加齢に伴う健康状況の変化などについてみていきます。

ア　メタボリックシンドローム該当割合

特定健康診査受診者において、メタボリックシンドローム該当者の割合は、40 ～ 44歳では 10%を下回っていたものが、60 歳以上になると 20%近くになるなど、加齢に伴い増加しています（**図13**）。

イ　定期健康診断結果の課題

定期健康診断において、有所見率（所見ありと通知されたもの）は、年齢を重ねるにつれて上昇し、60 歳以上では 60%近くに及んでいます（**図14**）。

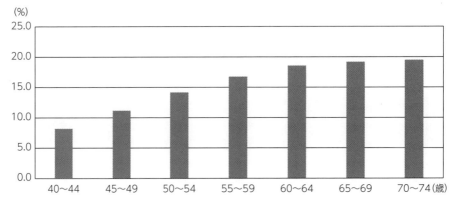

図 13　特定健康診査受診者における年齢階級別メタボリックシンドローム該当者割合

(出典：厚生労働省、平成 28 年度特定健康診査・特定保健指導の実施状況より)

(%)

区分	労働者計	定期健康診断を受けた	検査結果の通知を受けた	所見ありと通知された	所見なしと通知された	検査結果の通知を受けていない	定期健康診断を受けていない
20歳未満	100.0	70.2 (100.0)	68.6 (97.7) [100.0]	3.6 [5.3]	65.0 [94.7]	1.6 (2.3)	29.6
20～29歳	100.0	80.3 (100.0)	78.9 (98.3) [100.0]	14.6 [18.5]	64.4 [81.5]	1.4 (1.7)	19.7
30～39歳	100.0	89.2 (100.0)	88.5 (99.2) [100.0]	27.1 [30.6]	61.4 [69.4]	0.7 (0.8)	10.8
40～49歳	100.0	92.6 (100.0)	91.9 (99.3) [100.0]	45.3 [49.3]	46.6 [50.7]	0.7 (0.7)	7.4
50～59歳	100.0	92.6 (100.0)	91.8 (99.1) [100.0]	54.3 [59.1]	37.5 [40.9]	0.8 (0.9)	7.4
60歳以上	100.0	83.2 (100.0)	824 (99.1) [100.0]	47.3 [57.4]	35.1 [42.6]	0.8 (0.9)	16.8

図 14　定期健康診断における年齢別有所見率（平成 24 年）

(出典：厚生労働省、平成 24 年労働者健康状況調査より)

　定期健康診断の課題としては、未実施の割合が、60歳以上が16.8％であり40代、50代と比べ、かなり多いことです。これは、長年勤めていた会社を定年退職し、再就職先の新しい職場で健康診断が受けられていないことも考えられます。

ウ　治療と仕事の両立

　平成25年の調査では、疾病を治療しながら仕事をしている人は2,007万人にも及んでいます。その年のわが国の就業者数は6,311万人ですので、就業者の31.8％が疾病を抱えていることになります。治療と仕事の両立支援はわが国の重要な課題といえます。

　疾病の内訳は、「高血圧」が最も多く、次いで、「糖尿病」、「アレルギー」、「心疾患」、「メンタル」の順となっています（**図15**）。

エ　高年齢者が働くために必要なもの

　60代の働く高年齢者を対象に「65歳を過ぎても勤めるために必要なこと」を聞いたところ、「健康・体力」とする回答が82.0％を占め最も多く、「仕事への意欲」58.9％、「仕事の専門知識・技能があること」46.2％などと比べ、一段と高い結果となりました（**図16**）。高年齢者にとっては、働くために健康・体力が最も大切だと考えられているのです。

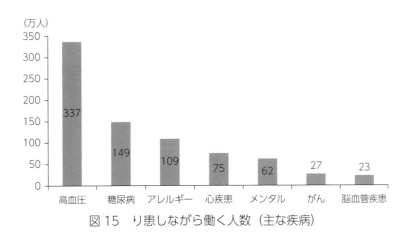

図15　り患しながら働く人数（主な疾病）

（出典：厚生労働省、平成25年度国民生活基礎調査より）

オ　企業が考える高年齢者の雇用確保に必要な取組み

　企業アンケート調査において、高年齢者の雇用確保に必要な取組みを尋ねたところ、「継続雇用者の処遇決定」（37.0％）とともに、「高年齢者の健康確保措置」（32.8％）が他と比べ一段と高く、雇用者に対して処遇とともに健康を確保するための取組みが強く求められています（**図17**）。

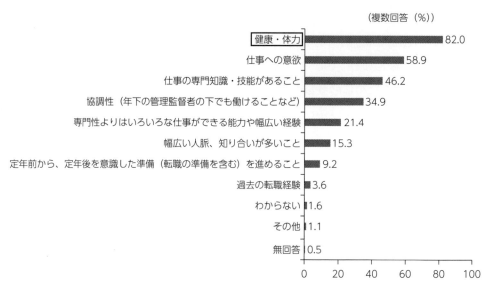

図16　65歳を過ぎても勤めるために必要なこと（60〜69歳）

（出典：独立行政法人労働政策研究・研修機構「60代の雇用・生活調査」（令和元年度）より）

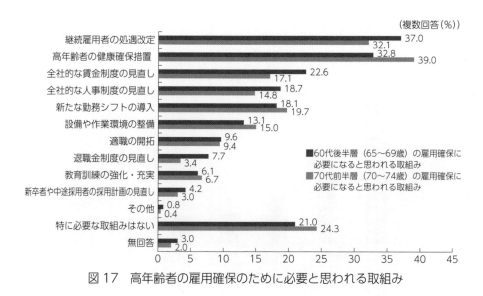

図17　高年齢者の雇用確保のために必要と思われる取組み

（出典：独立行政法人労働政策研究・研修機構「高年齢者の雇用に関する調査」（令和元年）より）

3　高年齢者の労働災害、業務上疾病の発生状況

（1）労働災害発生状況

ア　高年齢者の労働災害発生割合

　　休業4日以上死傷者数に占める60歳以上の割合は、令和元年は26.8％と、多くを占めています（図18）。

イ　高年齢者の労働災害発生率

　　高年齢者の労働災害発生率は、労働者1,000人当たりの災害件数（年千人率）をみると、男女とも発生率が最も小さい25〜29歳と比べ、65〜69歳では男性で2.0倍、女性では4.9倍とかなり高くなっています（図19）。

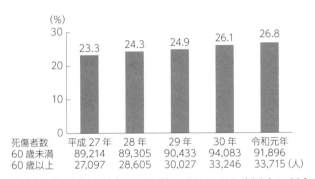

死傷者数	平成27年	28年	29年	30年	令和元年
60歳未満	89,214	89,305	90,433	94,083	91,896
60歳以上	27,097	28,605	30,027	33,246	33,715（人）

図18　休業4日以上死傷者数に占める60歳以上の割合

（出典：厚生労働省「労働者死傷病報告」をもとに作成）

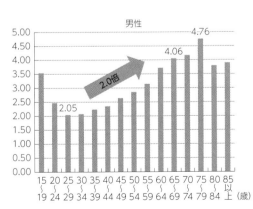
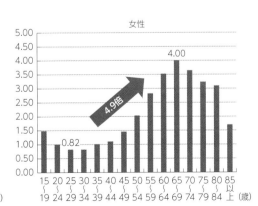

図19　年齢別・男女別千人率

（出典：厚生労働省「労働者死傷病報告」（平成30年）、「労働力調査」（基本集計・年次・2018年）より）

ウ　業種別

　災害発生率を業種別にみると、「建設業」、「陸上貨物運送事業」、「製造業」は高年齢者と若年者の発生割合が高くなっている一方、「商業」（小売業等）、「保健衛生業」（社会福祉施設等）などでは、50歳以上は若年層より発生率が高くなっています（**図20**）。

エ　事故の型別

　事故の型別でみた特徴は、男性は、墜落・転落災害の発生率が若年者と比べて非常に高く、一方、女性は、転倒災害の発生割合が著しく高くなっています（**図21**）。

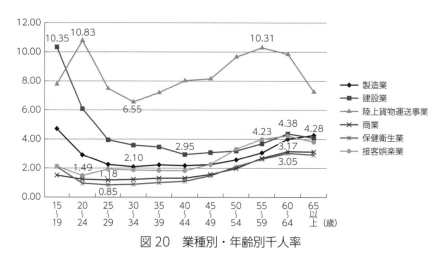

図20　業種別・年齢別千人率

（出典：厚生労働省「労働者死傷病報告」（平成30年）、総務省「労働力調査」（基本集計・年次・2018年）より）

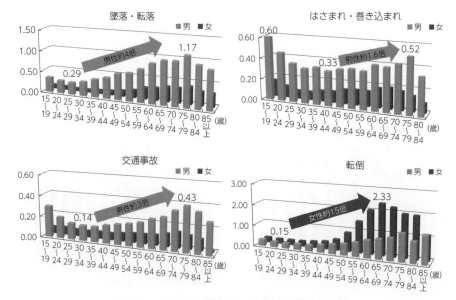

図21　年齢別・男女別・事故の型別千人率

（出典：厚生労働省「労働者死傷疾病報告」（平成30年）、総務省「労働力調査」（基本集計・年次・2018年）より）

オ　雇用期間別

　年齢別の災害発生率を雇用期間1年未満と1年以上で比べてみると、いずれの年齢階層でも、1年未満が高くなっていて、特に、50歳以上が高くなっています（**図22**）。

　これは、再就職をし、そこでの作業に慣れていないことや、高年齢者に対する安全教育が十分でなかったことなどが考えられます。

カ　休業見込期間別

　休業日数が1カ月より長い休業見込期間について、年齢別にみると20～29歳は約40％を占める一方、70歳以上は70％近くを占めるなど、年齢が高くなるにつれ休業見込日数は長くなっています（**図23**）。

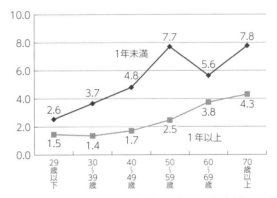

図22　年齢別・雇用期間別（1年以上と1年未満）　千人率

（出典：厚生労働省「労働者死傷病報告」、「就業構造基本調査」（2018年）より）

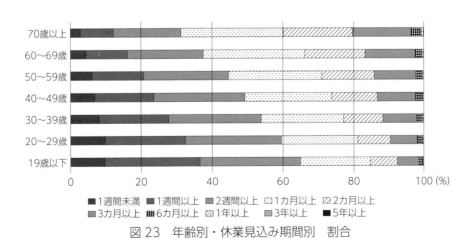

図23　年齢別・休業見込み期間別　割合

（出典：厚生労働省「労働者死傷病報告」（平成30年）より）

(2) 業務上疾病の状況

ア　腰痛

　　業務上疾病は、負傷に起因するものが最も多く、この大半は災害性腰痛等（いわゆるぎっくり腰等）で、6割近くを占めています（**図24**）。

　　業種別に腰痛の発生状況をみると、「保健衛生業」（社会福祉施設等）の30％が最も多くなっています。近年、社会福祉施設での腰痛の増加が顕著です（**図25**）。

　　また、腰が痛いと訴える人は、60代、70代が多いのが現状です（**図26**）。

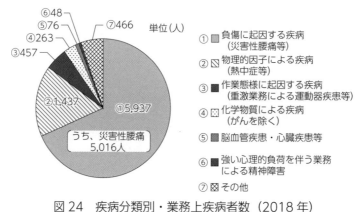

図24　疾病分類別・業務上疾病者数（2018年）

（出典：厚生労働省「業務上疾病発生状況等調査」（2018年）より）

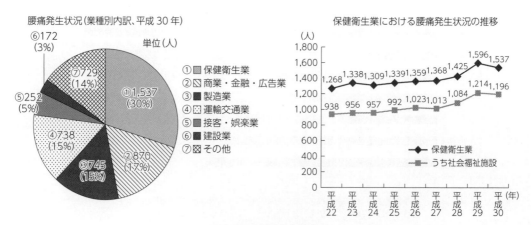

図25　腰痛の内訳

（出典：厚生労働省「業務上疾病発生状況等調査」より）

イ　熱中症

　　夏場の熱中症対策は、以前から声高に叫ばれてきました。これだけ、「水分、塩分、適度な休憩が必要」といわれ続けてきても、熱中症災害は減少せず、平成23～29年には、職場の熱中症による休業4日以上死傷者数は毎年500人前後と横ばい状態でした。当時、「いくら対策しても、熱中症災害は減らないのではないか」と弱気の声がきかれましたが、平成30年は下がらないどころか、1,178人と2倍超に急増しました（図27）。

　　熱中症災害の発生率を年齢別にみると、特に男性で年齢が上がるとともに発生率が高くなっています（図28）。

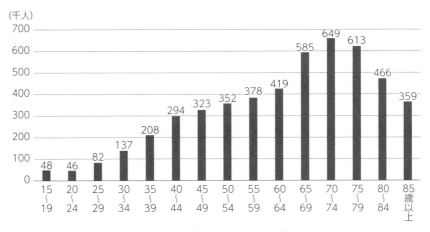

図26　腰が痛いと訴える人数

（出典：厚生労働省「令和元年国民生活基礎調査」より）

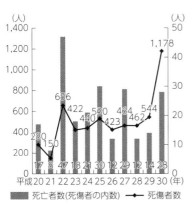

図27　職場における熱中症の発生状況の推移

（出典：厚生労働省「業務上疾病発生状況等調査」（平成30年）より）

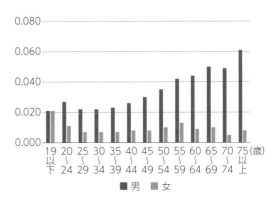

図28　職場における熱中症の年齢別・男女別
　　　千人率（平成30年）

（出典：労働者死傷病報告、死亡災害報告及び都道府県労働局からの報告による平成30年中に発生した災害で、休業4日以上及び死亡のもの、労働力調査（総務省、2018年）より）

ウ　脳・心臓疾患

脳血管疾患や虚血性心疾患の患者数は、加齢に伴い増加傾向にあります（**図29**）。

エ　脳・心臓疾患（労災認定事案）

脳・心臓疾患における労災認定事案をみると令和元年度は、40歳以上が92.5％を占めていますが、これは雇用者100万人当たりでみると40〜59歳で多く発生しています（**図30**）。

この背景には、年齢を重ね経験を積み、責任ある立場になるにつれ、多くのストレスがかかるようになることなどがあると考えられています。

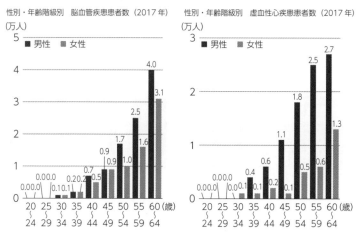

図29　循環器系疾患の年齢別患者数

（出典：厚生労働省政策統括官付保健統計室「平成29年患者調査」より）

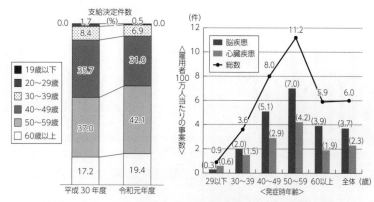

図30　脳・心臓疾患における労災認定事案の年齢分布

（出典：左　厚生労働省「過労死等の労災補償状況」（令和元年度）、右「平成29年版過労死等防止対策白書」より）

4　企業における高年齢者の労働災害防止に関する取組み状況

(1) 企業の取組み状況の実態

　平成28年度の調査では、高年齢（50歳以上）者の労働災害防止対策の取組みを行っている事業所は全体の55.7％を占めています（図31）。

　これを事業所規模別にみると、労働者数100〜299人の事業所の69.1％が最も多い一方、10〜49人の事業所は54.0％に留まり、1,000人以上の事業所では63.6％となっています。

　具体的な取組み内容をみると、健康診断実施後の就業上の措置を行っている事業所は多く、体力づくり、健康管理の取組みを行う事業所は少ないことがわかります。

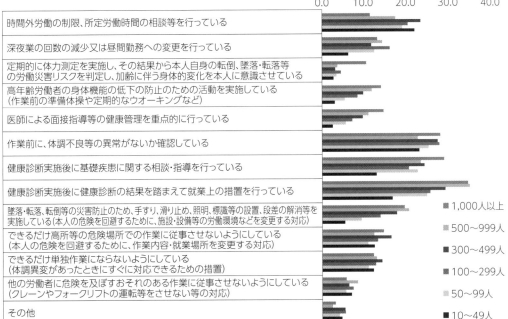

1　高年齢労働者の労働災害防止対策の取組みの有無(%)

取り組んでいる	取り組んでいない	不明
55.7	40.4	3.9

注）企業の担当者に、「高年齢労働者（50歳以上の労働者をいいます）の身体機能の低下や基礎疾患に伴う労働災害防止対策に取り組んでいるか」を聞いたもの

事業所規模別
- 1,000人以上　63.6
- 500〜999人　65.0
- 300〜499人　65.0
- 100〜299人　69.1
- 50〜99人　64.2
- 10〜49人　54.0
■取り組んでいる

2　高年齢労働者の労働災害防止対策の取組み内容(複数回答)　※すべての事業所を100％として

- 時間外労働の制限、所定労働時間の相談等を行っている
- 深夜業の回数の減少又は昼間勤務への変更を行っている
- 定期的に体力測定を実施し、その結果から本人自身の転倒、墜落・転落等の労働災害リスクを判定し、加齢に伴う身体的変化を本人に意識させている
- 高年齢労働者の身体機能の低下の防止のための活動を実施している（作業前の準備体操や定期的なウオーキングなど）
- 医師による面接指導等の健康管理を重点的に行っている
- 作業前に、体調不良等の異常がないか確認している
- 健康診断実施後に基礎疾患に関する相談・指導を行っている
- 健康診断実施後に健康診断の結果を踏まえて就業上の措置を行っている
- 墜落・転落、転倒等の災害防止のため、手すり、滑り止め、照明、標識等の設置、段差の解消等を実施している（本人の危険を回避するために、施設・設備等の労働環境などを変更する対応）
- できるだけ高所等の危険場所での作業に従事させないようにしている（本人の危険を回避するために、作業内容・就業場所を変更する対応）
- できるだけ単独作業にならないようにしている（体調異変があったときにすぐに対応できるための措置）
- 他の労働者に危険を及ぼすおそれのある作業に従事させないようにしている（クレーンやフォークリフトの運転等をさせない等の対応）
- その他

■1,000人以上
■500〜999人
■300〜499人
■100〜299人
■50〜99人
■10〜49人

図31　高年齢労働者の労働災害防止対策の取組み状況

（出典：厚生労働省「労働安全衛生調査（実態調査）」（平成28年度）より）

これを業種別にみると、「建設業」は78.2％、「運輸業・郵便業」は78.4％が高年齢者の労働災害防止対策に取り組んでおり、これらの業種では「作業前に、体調不良等の異常がないか確認している」と答えた事業場が50％を超えるなど、体調管理や危険な作業の回避などの配慮が行われています（**図32**）。

　一方、第三次産業で高年齢者の労働災害防止対策に取り組んでいる事業所の割合は、「卸売業・小売業」が47.0％、「宿泊業・飲食サービス業」は50.3％に留まっています。ただ、これらの業種は、高年齢者に限らず、企業全体の労働災害防止対策の取組みが不十分なことに留意が必要です。

1　取組の有無（業種別）

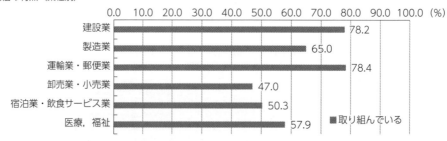

2　取組内容（業種別）（複数回答）

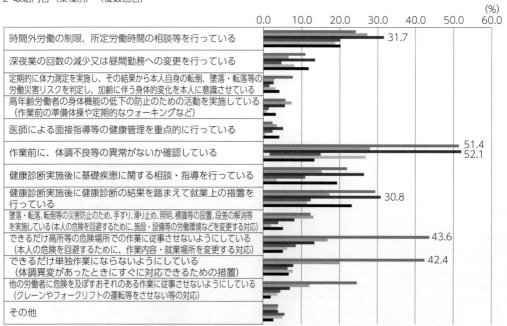

図32　高年齢労働者の労働災害防止対策の取組み状況（業種別）

（出典：厚生労働省「平成28年労働安全衛生調査（実態調査）」より）

(2) 健康経営、データヘルス、コラボヘルス

　高年齢者の心身機能の低下に伴い、健康の維持・向上が困難な状況に陥ることは、企業経営にとって大きな損失です。このため、企業が従業員の健康管理を積極的に進め、その心身機能を早いうちから維持向上させようとする取組みが進められています。

　具体的な取組みには、以下の健康経営、データヘルス、コラボヘルスなどがあげられます。

ア　健康経営

　　企業が従業員の健康管理を経営課題として取り上げ、組織的に戦略的な取組みを行うこと。

イ　データヘルス

　　医療保険者が加入者の健康データの分析結果に基づき、個々の事業場や個人の状況に応じた取組みを行うこと。

ウ　コラボヘルス

　　医療保険者による健康データ分析に基づき、保険者と企業が連携して従業員の健康づくりを行うこと。

(3) 中小企業の取組み状況

　中小企業約 12,000 社を対象としたアンケート調査によると、既に「健康経営」に取り組んでいる企業は約 2 割に留まっています。ただ、今後取り組みたいという意向をもつ企業は 5 割以上を占め、今後の取組みに期待されます（**図 33**）。

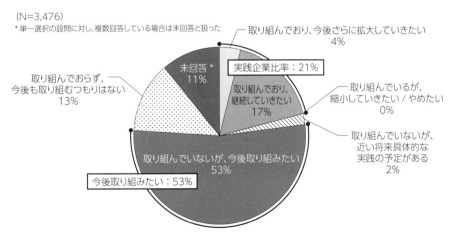

図 33　健康経営の実践と意向

（出典：経済産業省「中小企業における健康経営に関する認知度調査」平成 29 年 12 月実施より）

第2章　高年齢労働者を取り巻く状況

第**3**章

エイジフレンドリーガイドライン

この章で学ぶこと

○第3章では、労働災害防止対策、健康確保のために、ガイドラインに示された事業者、労働者に求められる事項について、具体的な事例などを示しながら解説します。

事業者に求められる事項

　事業者は、次の1〜5について、高年齢者の就労状況や作業内容等をふまえ、労働災害防止対策に積極的に取り組むことが必要です。

> 1. 安全衛生管理体制の確立等
> 2. 職場環境の改善
> 3. 高年齢労働者の健康や体力の状況の把握
> 4. 高年齢労働者の健康や体力の状況に応じた対応
> 5. 安全衛生教育

　以下、各項目ごとに、枠内にガイドラインを示し、その下に解説を加えます。

1　安全衛生管理体制の確立等

　事業場における安全衛生管理体制、具体的取組みの体系は、**図34**のとおりです。

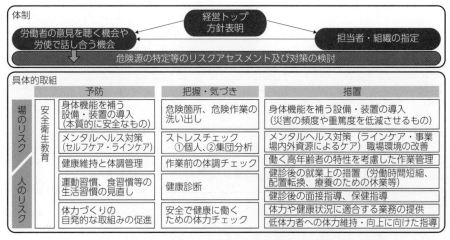

図34　安全衛生管理の基本的体制及び具体的取組の体系図

（出典：厚生労働省「人生100年時代に向けた高年齢労働者の安全と健康に関する有識者会議報告書（概要）」より（一部改変））

(1) 経営トップによる方針表明及び体制整備

高年齢者の安全と健康を確保するため、まず1つ目に、事業者は安全衛生方針を表明し、安全衛生管理体制を確立することが求められます。

ガイドライン

1 安全衛生管理体制の確立等

(1) 経営トップによる方針表明及び体制整備

　　高齢者労働災害防止対策を組織的かつ継続的に実施するため、次の事項に取り組むこと。

ア　経営トップ自らが、高齢者労働災害防止対策に取り組む姿勢を示し、企業全体の安全意識を高めるため、高齢者労働災害防止対策に関する事項を盛り込んだ安全衛生方針を表明すること。

イ　安全衛生方針に基づき、高齢者労働災害防止対策に取り組む組織や担当者を指定する等により、高齢者労働災害防止対策の実施体制を明確化すること。

ウ　高齢者労働災害防止対策について、労働者の意見を聴く機会や、労使で話し合う機会を設けること。

エ　安全委員会、衛生委員会又は安全衛生委員会（以下「安全衛生委員会等」という。）を設けている事業場においては、高齢者労働災害防止対策に関する事項を調査審議すること。

　　これらの事項を実施するに当たっては、以下の点を考慮すること。

・高齢者労働災害防止対策を担当する組織としては、安全衛生部門が存在する場合、同部門が想定され、業種・事業場規模によっては人事管理部門等が担当することも考えられること。

・高年齢労働者の健康管理については、産業医を中心とした産業保健体制を活用すること。また、保健師等の活用も有効であること。産業医が選任されていない事業場では地域産業保健センター等の外部機関を活用することが有効であること。

・高年齢労働者が、職場で気付いた労働安全衛生に関するリスクや働く上で負担に感じている事項、自身の不調等を相談できるよう、企業内相談窓口を設置することや、高年齢労働者が孤立することなくチームに溶け込んで何でも話せる風通しの良い職場風土づくりが効果的であること。

・働きやすい職場づくりは労働者のモチベーションの向上につながるという認識を共有することが有効であること。

経営トップは安全衛生方針を表明し、企業として高年齢者の労働災害を防止する取組み姿勢を明確にします。そのうえで、取り組むための組織をつくり、担当責任者、担当者などを決めます。いわゆる実行部隊です。

効果的な取組みを行うためには、上からの一方的なものではなく、そこで働く高年齢者の声を聴くことが欠かせません。このため、労働者の意見を聴く機会や、労使で話し合う機会

を設ける必要があります。安全衛生委員会等では、その取組みについて調査審議しますが、そこに高年齢労働者を参加させることも有効です。

これらの実施にあたり、ガイドラインでは考慮事項が示されています。

まず、担当部署についてです。製造業や建設業の多くの企業には、事業場内に安全衛生部門がありますので、そこが担当部署になります。一方、小売業、飲食店、社会福祉施設等のサービス業では、企業のほとんどは安全衛生部門を持っていませんので、労務管理を担う人事管理部門が担当部署となります。また、健康管理は産業医、保健師等の専門家が担当しますが、これらの専門家がいない中小規模事業場では、地域産業保健センターが実施している医師による面接指導、医師・保健師による訪問指導、健康相談等の活用が推奨されます。

また、職場で働く高年齢者の声を聴くため、事業場内に相談窓口を設置することも有効です。さらには、高年齢者の孤立を防ぎ、良好なコミュニケーションによる人間関係を構築するため、風通しのよい働きやすい職場づくりも必要です。

(2) 危険源の特定等のリスクアセスメントの実施

ア　リスクアセスメント実施方法

安全衛生管理体制を確立したら、高年齢者に関する事業場に潜む危険有害要因（危険源）を洗い出し、リスク低減対策を講じるなど、リスクアセスメントを行います。

ガイドライン

(2)　危険源の特定等のリスクアセスメントの実施

高年齢労働者の身体機能の低下等による労働災害の発生リスクについて、災害事例やヒヤリハット事例から危険源の洗い出しを行い、当該リスクの高さを考慮して高齢者労働災害防止対策の優先順位を検討（以下「リスクアセスメント」という。）すること。

その際、「危険性又は有害性等の調査等に関する指針」（平成18年3月10日危険性又は有害性等の調査等に関する指針公示第1号）に基づく手法で取り組むよう努めるものとすること。

リスクアセスメントの結果を踏まえ、（略）優先順位の高いものから取り組む事項を決めること。その際、年間推進計画を策定し、当該計画に沿って取組を実施し、当該計画を一定期間で評価し、必要な改善を行うことが望ましいこと。

これらの事項を実施するに当たっては、以下の点を考慮すること。

・小売業、飲食店、社会福祉施設等のサービス業等の事業場で、リスクアセスメントが定着していない場合には、同一業種の他の事業場の好事例等を参考に、職場環境改善に関する労働者の意見を聴く仕組みを作り、負担の大きい作業、危険な場所、作業フローの不備等の職場の課題を洗い出し、改善につなげる方法があること。

・高年齢労働者の安全と健康の確保のための職場改善ツールである「エイジアクション100」のチェックリストを活用することも有効であること。

・健康状況や体力が低下することに伴う高年齢労働者の特性や課題を想定し、リスクアセスメントを実施すること。

・高年齢労働者の状況に応じ、フレイルやロコモティブシンドロームについても考慮する必要があること。

　なお、フレイルとは、加齢とともに、筋力や認知機能等の心身の活力が低下し、生活機能障害や要介護状態等の危険性が高くなった状態であり、ロコモティブシンドロームとは、年齢とともに骨や関節、筋肉等運動器の衰えが原因で「立つ」、「歩く」といった機能（移動機能）が低下している状態のことをいうこと。

・サービス業のうち社会福祉施設、飲食店等では、家庭生活と同種の作業を行うため危険を認識しにくいが、作業頻度や作業環境の違いにより家庭生活における作業とは異なるリスクが潜んでいることに留意すること。

・社会福祉施設等で利用者の事故防止に関するヒヤリハット事例の収集に取り組んでいる場合、こうした仕組みを労働災害の防止に活用することが有効であること。

・労働安全衛生マネジメントシステムを導入している事業場においては、労働安全衛生方針の中に、例えば「年齢にかかわらず健康に安心して働ける」等の内容を盛り込んで取り組むこと。

リスクアセスメントの実施手順は、**図35**のとおりです。これを順に説明します。

Step0　リスクアセスメントの準備

リスクアセスメントを行うための事前準備として、実施体制（組織、担当者）を構築し、実施時期を定め、危険有害要因の洗い出しやリスクを見積るときに参考になるような、自らの事業場のさまざまな作業における過去の労働災害、労働災害防止対策などの情報を入手します。

図35　リスクアセスメント実施手順

Step1　危険性または有害性の特定

事業場で行っている作業を洗い出したうえで、それぞれの作業に潜む危険性または有害性を洗い出します。

Step2　リスクの見積り

洗い出した危険性または有害性それぞれについて、重篤度、可能性の点でそのリスクの大きさを見積ります。**図36**の見積り例では、重篤度を3段階（重大、中程度、軽度）、可能性も3段階（高い、ある程度ある、ほとんどない）で評価したもので、見積り結果に応じて優先度（以下はⅠ～Ⅲ）を決めます。

Step3　リスク低減対策の検討

優先度の高いものから、リスク低減対策を検討します。リスク低減対策は、以下のとおり、①本質的対策、②工学的対策、③管理的対策、④保護具の順、すなわちリスク低減効果が高い順に検討します。

① **本質的対策**	危険な作業の廃止・変更、より危険性の低い機械設備への代替、より危険性または有害性の低い材料への代替等、危険性または有害性を根本から除去または低減する対策をいう。
② **工学的対策**	危険性または有害性に対し実施する、工学的対策（ガード、インターロック、安全装置、局所排気装置の設置等）の対策をいう。
③ **管理的対策**	危険性または有害性に対し、マニュアルの整備、ばく露管理、警報の運用、二人組制の採用、教育訓練、作業着を管理すること等による対策をいう。
④ **保　護　具**	危険性または有害性に対して、個人用の保護衣や呼吸用保護具等の着用および使用による対策をいう。なお、この対策は、①から③までの対策の代替として行ってはならない。

リスク低減対策の優先順位づけ

【マトリクスを用いる方法】

可能性＼重篤度	重大 ×	中程度 △	軽度 ○
高い　　　　　×	Ⅲ	Ⅲ	Ⅱ
ある程度ある　△	Ⅲ	Ⅱ	Ⅰ
ほとんどない　○	Ⅱ	Ⅰ	Ⅰ

リスク		優先度
Ⅲ	高	直ちにリスクを低減する
Ⅱ	中	速やかにリスクを低減する
Ⅰ	低	必要に応じリスクを低減する

図36　リスクの見積り（例）

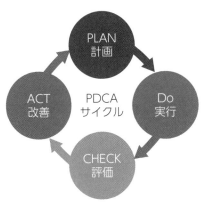

図 37　PDCA サイクル

Step4　リスク低減対策の実施

リスク低減対策を講じます。

Step5　実施結果の記録

リスクアセスメントの実施結果を記録し、作業者等に周知するとともに、次回のリスクアセスメントに活用します。

Step1 〜 5 のリスクアセスメントの結果に基づき、職場改善を推進するための計画を策定し、PDCA サイクル（P（計画）、D（実行）、C（評価）、A（改善））を回し、事業場の実態や課題をふまえ、職場改善を図ります。

イ　リスクアセスメント実施時の考慮事項

⒜　小売業、飲食店、社会福祉施設等のサービス業について

小売業、社会福祉施設における職場改善の好事例は第 4 章（101 頁）を参照してください。

⒝　「エイジアクション 100」のチェックリストの活用

中災防は、高年齢労働者の安全と健康確保のための職場改善ツールとして「エイジアクション 100」を作成し、高年齢労働者の安全と健康確保のために必要な 100 項目の取組みを推奨しています。これらの取組みが盛り込まれたチェックリストも作成（参考資料 3 を参照）されていますので、それを利用したり参考として現在の取組み状況をチェックすることにより、職場の課題を洗い出すことができます。

⒞　フレイル

フレイルとは「Frailty（虚弱）」の日本語訳で、健康状態と要介護状態の中間に位置し、心身機能や認知機能の低下が見られる状態のことです（**図 38**）。高年齢者はフレイルを意識することにより、労働災害防止対策や健康づくりへの取組みが積極的になります。

⒟　ロコモティブシンドローム

　　ロコモティブシンドロームとは、骨、関節、筋肉等、運動器の衰えが原因で、段階的に「立つ」「歩く」といった機能（移動機能）が低下している状態です（**図 39**）。

　　ロコモティブシンドロームに該当するか、**図 40** のとおり、ロコチェックを行うことを推奨します。1つでも当てはまれば、ロコモティブシンドロームに該当します。

⒠　**サービス業での取組みの必要性**

　　小売業（総合スーパーマーケット）の従業員を対象としたアンケート調査によれば、「いつもの仕事は危険だと思うか？」の質問に対し、「あまり危険ではない」が最も多い結果でした（**図 41**）。小売業等では、家庭でも同様の作業を行うため、職場の危険が認識されにくいことが課題です。

　　小売業、飲食店、社会福祉施設の死傷災害発生状況は、2010 年と 2019 年と比べると、小売業は 19.0％増、飲食店は 27.9％増、社会福祉施設は 81.5％増となっています（**図 42**）。このうち社会福祉施設は、従事者数が 2018 年（常勤換算従事者数 1,079,497 人（厚生労働省「社会福祉施設等調査」調べ））は 2010 年（同 757,189 人）

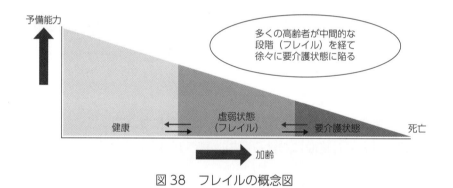

図 38　フレイルの概念図

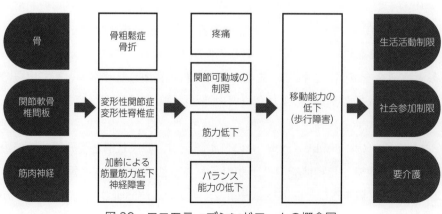

図 39　ロコモティブシンドロームの概念図

7つのロコチェック	
1	片脚立ちで靴下がはけない	☐
2	家の中でつまずいたりすべったりする	☐
3	階段を上がるのに手すりが必要である	☐
4	家のやや重い仕事が困難である	☐
5	2kg程度の買い物をして持ち帰るのが困難である　※1リットルの牛乳パック2個程度	☐
6	15分くらい続けて歩くことができない	☐
7	横断歩道を青信号で渡りきれない	☐

図40　ロコチェック

問　いつもの仕事は危険だと思いますか？

図41　小売業の従業員対象のアンケート調査（n=637）

(出典：労働安全衛生総合研究所資料より)

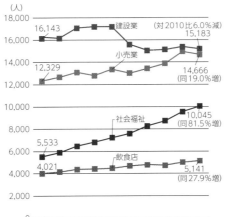

図42　小売業、飲食店、社会福祉施設、建設業における休業4日以上死傷災害件数の推移
（2010〜2019年）

(出典：厚生労働省「労働災害発生状況」（平成31年／令和元年）より)

エイジフレンドリーガイドライン

第3章

と比べ42.6％増になっていることも加え、労働災害が大幅増となっています。この間、危険な産業といわれている建設業でも6.0％も減少しており、大幅増となっている小売業、飲食店、社会福祉施設の労働災害防止は、労働安全衛生行政における重点課題の一つに位置づけられています。

社会福祉施設の転倒災害は、高年齢者に多く、休業1カ月以上が60％超と重篤なものが多発しています（**図43**）。この傾向は、小売業でも同様です。

(f) ヒヤリハット事例の活用

社会福祉施設はもとより、さまざまな職場において、職場で何が起こっているかを把握することが職場環境改善にはとても重要です。事業場の実態を把握するには、労働災害には至らなかったが「ヒヤリ」としたり、「ハッ」とした体験、いわゆる「ヒヤリハット」事例を集めることが効果的です。

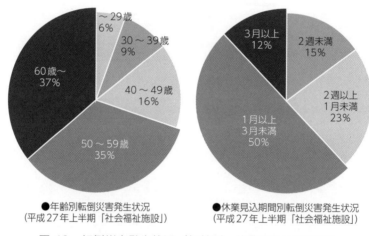

●年齢別転倒災害発生状況
（平成27年上半期「社会福祉施設」）

●休業見込期間別転倒災害発生状況
（平成27年上半期「社会福祉施設」）

図43　転倒災害発生状況（年齢別・休業見込み期間別）

ヒヤリハット報告書　作成日　年　月　日

所属　氏名

□ 軽微な「負傷や物損」等
□ ヒヤリ・ハット、ニアミス
□ 想定ヒヤリ、兆候の発見

いつ（発生、または気付いた日時）　月　日　時　分ごろ

作業内容

どこで　何をしたとき（何をするときに）

どうなった（または可能性）

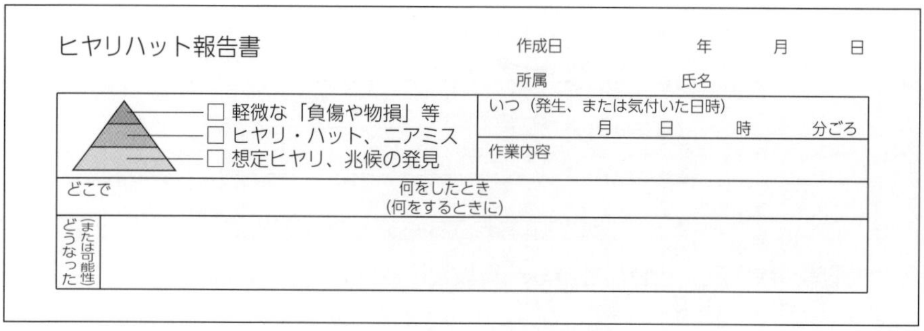

図44　ヒヤリハット報告書

⒢　労働安全衛生マネジメントシステムによる取組み

　すでに、労働安全衛生マネジメントシステムを導入し、組織的に労働災害防止対策に取り組んでいる事業場においては、その安全衛生方針に高年齢者の労働災害防止対策に取り組むことを盛り込みましょう。

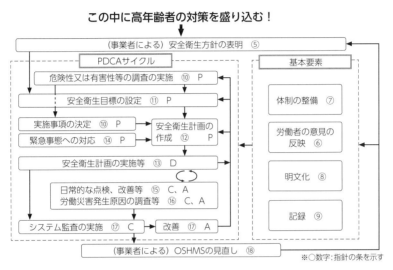

図 45　労働安全衛生マネジメントシステム概念図

2 職場環境の改善

　事業者に求められる2つ目が　職場環境の改善です。リスクアセスメントを実施し、優先的にリスク低減対策を講じるべきものを定め、それをもとに、身体機能の低下を補う設備・装置の導入（主にハード面の対策）と、高年齢労働者の特性を考慮した作業管理（主にソフト面の対策）により、職場環境の改善を行います。

（1）身体機能の低下を補う設備・装置の導入（主としてハード面の対策）

> **ガイドライン**
>
> 　2 職場環境の改善
> （1）　身体機能の低下を補う設備・装置の導入（主としてハード面の対策）
> 　　　　身体機能が低下した高年齢労働者であっても安全に働き続けることができるよう、事業場の施設、設備、装置等の改善を検討し、必要な対策を講じること。
> 　　　　その際、以下に掲げる対策の例を参考に、高年齢労働者の特性やリスクの程度を勘案し、事業場の実情に応じた優先順位をつけて施設、設備、装置等の改善に取り組むこと。
> 　　　＜共通的な事項＞
> 　　　・視力や明暗の差への対応力が低下することを前提に、通路を含めた作業場所の照度を確保するとともに、照度が極端に変化する場所や作業の解消を図ること。
> 　　　・階段には手すりを設け、可能な限り通路の段差を解消すること。
> 　　　・床や通路の滑りやすい箇所に防滑素材（床材や階段用シート）を採用すること。また、滑りやすい箇所で作業する労働者に防滑靴を利用させること。併せて、滑りの原因となる水分・油分を放置せずに、こまめに清掃すること。
> 　　　・墜落制止用器具、保護具等の着用を徹底すること。
> 　　　・やむをえず、段差や滑りやすい箇所等の危険箇所を解消することができない場合には、安全標識等の掲示により注意喚起を行うこと。
> 　　　＜危険を知らせるための視聴覚に関する対応＞
> 　　　・警報音等は、年齢によらず聞き取りやすい中低音域の音を採用する、音源の向きを適切に設定する、指向性スピーカーを用いる等の工夫をすること。
> 　　　・作業場内で定常的に発生する騒音（背景騒音）の低減に努めること。
> 　　　・有効視野を考慮した警告・注意機器（パトライト等）を採用すること。
> 　　　＜暑熱な環境への対応＞
> 　　　・涼しい休憩場所を整備すること。
> 　　　・保熱しやすい服装は避け、通気性の良い服装を準備すること。
> 　　　・熱中症の初期症状を把握できるウェアラブルデバイス等のIoT機器を利用すること。

<重量物取扱いへの対応>
・補助機器等の導入により、人力取扱重量を抑制すること。
・不自然な作業姿勢を解消するために、作業台の高さや作業対象物の配置を改善すること。
・身体機能を補助する機器（パワーアシストスーツ等）を導入すること。

<介護作業等への対応>
・リフト、スライディングシート等の導入により、抱え上げ作業を抑制すること。
・労働者の腰部負担を軽減するための移乗支援機器等を活用すること。

<情報機器作業への対応>
・パソコン等を用いた情報機器作業では、「情報機器作業における労働衛生管理のための
　ガイドライン」（令和元年7月12日付け基発0712第3号厚生労働省労働基準局長通知）
　に基づき、照明、画面における文字サイズの調整、必要な眼鏡の使用等によって適切な
　視環境や作業方法を確保すること。

ア　照度の確保

　暗い場所では視力が著しく低下（低照度下視力）する高年齢者には、職場の照度の確保が重要です。

イ　手すりの設置、段差の解消

　高年齢者は、バランス感覚の低下、筋力の低下、とっさにうまく動けないことなどにより、階段から転落しやすく、段差につまずき転倒しやすくなります。階段には手すりを付け、たとえバランスを崩しても、それにつかまることにより転落を防止し、段差は解消することにより、つまずくものを除去する対策が効果的です。

通路を含め作業場所の照度を確保する

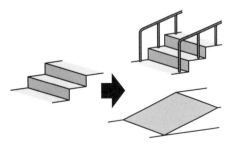

階段には手すりを設け、可能な限り通路の段差を解消する

ウ　すべり防止対策（床材、防滑靴、床の水・油の除去）

① 床材

　小売業などでは、新店舗の設計で光沢があり見栄えがよい床材が採用されることがよくあります。しかし、その床材はすべりやすく転倒災害が多発しています。対策として、光沢をおさえたすべりにくい床材の採用が求められます。

② 防滑靴

　すべりによる転倒災害防止には、耐滑性にすぐれた靴、いわゆる防滑靴の着用が有効です。事業者が労働者に防滑靴を支給し、着用を徹底することが求められます。

（改善前：すべりやすい）

（改善後：すべりにくい）

写真1　床材の改善例

（出典：労働安全衛生総合研究所資料より）

防滑靴を利用させる

③　床の水・油の除去

　水に濡れた床、油のこぼれた床をそのままにせず、すぐに、それらをふき取ることが重要です。

　また、機械清掃ではどうしてもふき残し箇所が出てきます。このため、機械清掃時にふき残しがないかチェックし、見つけたら即座にモップなどでふき取るようにします。

エ　墜落制止用器具、保護具等の着用

　墜落防護措置のない高所作業では、事業者は、作業者に墜落制止用器具を使用することを指示し、作業者に使用を義務づけます。

写真2　床材の改善例

（出典：労働安全衛生総合研究所資料より）

水分・油分を放置せず、こまめに清掃する

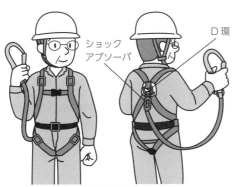

墜落制止用器具を着用する

オ　安全標識の掲示等

　　工学的対策などリスク低減効果の高い対策を講じることが難しい危険箇所に対しては、安全標識を掲げ、トラテープ等を貼付し注意喚起を行います。

カ　危険を知らせるための視聴覚に関する対応

　　高音域の音が聞き取りにくい高年齢者には、中低音域の警報音、パトライトの点滅等により警告・注意喚起を行います。

キ　熱中症対策

　　熱中症災害は、高年齢者の発生率が高く、その対策は重要です。涼しい休憩場所を整備します。そこには十分な水分、塩分を備えることも必要です。

　　また、通気性の良い服装の着用も推奨されます。

　　熱中症の初期症状を把握するため、脈拍数、体温などが計測できるウェアラブルデバイス等の IoT 機器の利用が推奨されます。

　　ただ、熱中症の発症を正確につかむために必要な深部体温（身体の内部の温度）は計測できませんので、あくまでも初期症状（熱中症の疑いがあるかどうか）をみつけるために活用します。

解消できない危険箇所に標識等で注意喚起

警報音等は聞き取りやすい中低音域の音、パトライト等は有効視野を考慮

涼しい休憩場所を整備し、通気性の良い服装を着用する　　ウェアラブルデバイスの活用

ク　重量物取扱いへの対応

　重い物を持ち上げる際に腰痛になることを防ぐため、重量物の取扱いを抑制します。1人20kg以上の物は持たないよう重量制限している事業場も見受けられます。

　また、柔軟性が低下している高年齢者には、腰、背中などへの負荷の少ない作業姿勢をとることや、身体をかがめる姿勢、ねじる姿勢にならないようにするため、作業台の高さや、作業対象物の配置を改善します。

　重量物を持ち上げる作業での負荷軽減のため、身体機能の補助機器（パワーアシストスーツ等）の装着も推奨されます。

設備を活用して作業負荷の軽減を図る

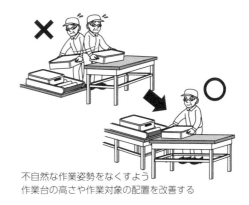

不自然な作業姿勢をなくすよう作業台の高さや作業対象の配置を改善する

パワーアシストスーツを装着する

ケ　介護作業等への対応

　　介助者の腰痛は非常に多く、腰痛防止にはリフト、スライディングシート、移乗支援機器等を導入します。

コ　情報機器作業への対応

　　厚生労働省「情報機器作業における労働衛生管理のためのガイドライン」に基づき、ハード対策としては、ディスプレイの明るさ、情報機器・机・椅子の選定、パソコン用メガネの用意等を行います（**図 46**）。

リフト等を導入し、抱え上げ作業を抑制

スライディングシートを活用する

ガイドラインの枠組み
○**作業環境管理** 情報機器作業を行う環境の整備方法について説明しています。 （例：ディスプレイの明るさ、情報機器や机・椅子の選び方） ○**作業管理** 情報機器作業の方法について説明しています。 （例：一日の作業時間、休憩の取り方、望ましい姿勢） ○**健康管理** 情報機器作業者の健康を守るための措置について説明しています。 （例：健康診断、職場体操） ○**労働衛生教育** 上記の対策の目的や方法について、作業者や管理者に理解してもらうための教育について説明しています。

図 46　情報機器作業における労働衛生管理のためのガイドラインの枠組み

（出典：厚生労働省「情報機器作業における労働衛生管理のためのガイドライン」リーフレットより）

⑵ 高年齢労働者の特性を考慮した作業管理（主としてソフト面の対策）

ガイドライン

⑵　高年齢労働者の特性を考慮した作業管理（主としてソフト面の対策）

　　敏捷性や持久性、筋力といった体力の低下等の高年齢労働者の特性を考慮して、作業内容等の見直しを検討し、実施すること。

　　その際、以下に掲げる対策の例を参考に、高年齢労働者の特性やリスクの程度を勘案し、事業場の実情に応じた優先順位をつけて対策に取り組むこと。

＜共通的な事項＞

・事業場の状況に応じて、勤務形態や勤務時間を工夫することで高年齢労働者が就労しやすくすること（短時間勤務、隔日勤務、交替制勤務等）。

・高年齢労働者の特性を踏まえ、ゆとりのある作業スピード、無理のない作業姿勢等に配慮した作業マニュアルを策定し、又は改定すること。

・注意力や集中力を必要とする作業について作業時間を考慮すること。

・注意力や判断力の低下による災害を避けるため、複数の作業を同時進行させる場合の負担や優先順位の判断を伴うような作業に係る負担を考慮すること。

・腰部に過度の負担がかかる作業に係る作業方法については、重量物の小口化、取扱回数の減少等の改善を図ること。

・身体的な負担の大きな作業では、定期的な休憩の導入や作業休止時間の運用を図ること。

＜暑熱作業への対応＞

・一般に、年齢とともに暑い環境に対処しにくくなることを考慮し、脱水症状を生じさせないよう意識的な水分補給を推奨すること。

・健康診断結果を踏まえた対応はもとより、管理者を通じて始業時の体調確認を行い、体調不良時に速やかに申し出るよう日常的に指導すること。

・熱中症の初期対応が遅れ重篤化につながることがないよう、病院への搬送や救急隊の要請を的確に行う体制を整備すること。

＜情報機器作業への対応＞

・情報機器作業が過度に長時間にわたり行われることのないようにし、作業休止時間を適切に設けること。

・データ入力作業等相当程度拘束性がある作業においては、個々の労働者の特性に配慮した無理のない業務量とすること。

ア　勤務形態や勤務時間の工夫（短時間勤務、隔日勤務、交替制勤務等）

　高年齢者は、加齢に伴い筋力や運動能力などの心身機能が低下しますが、心身機能の個人差も大きくなります。年齢だけではなく個々人がもつ心身機能を把握し、それにもとづき作業内容や作業時間などの調整を行います。また、疲労は、作業内容だけではなく、休憩の間隔や長さによっても大きく変わります。適度な休憩を取れるようにします。

　その他、高年齢になると、昼から夜、あるいは夜から昼といった勤務シフトの変更に体を慣らしていくことが難しくなります。それとともに、夜勤後の体力回復力もかなり低下しています。このため、夜勤には十分な配慮が必要です。

　夜勤の勤務時間の見直し例としては、夜勤の勤務時間を削減するため、これまでの二交替制から新たに夕勤を加えて三交替制としたものがあります（図47）。

　高年齢者は、高血圧や高脂血症など、なんらかの疾患をもつ人が増え、通院することも多くなるので通院のための時間を取りやすくします。

イ　ゆとりのある作業スピード

　高年齢者には、どのような作業をするのか、あらかじめ具体的にわかりやすく示し、作業にかかる前に、自分で計画を立てて作業に取りかかれるようにします。高年齢者は、時間に追われるような作業には慣れにくく、またミスもしやすくなることが知られています。このため、ゆとりある作業スピードとすることで、自ら作業負荷をコントロールできるようにします。

ウ　無理のない作業姿勢

　高年齢者は筋力や柔軟性などが低下し、関節の動く範囲が狭くなり、無理に手を伸ばしてバランスを崩すこともあります。身体をかがめる姿勢、ねじる姿勢など不自然な作業姿勢を減らしたり、長時間このような姿勢をとることがないようにします。

　また、加齢とともに筋力やバランス感覚が低下し、身体の安定がとりにくくなるため、長時間の立位作業を減らします。

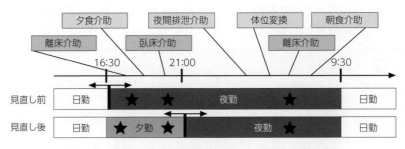

図47　夜勤の勤務時間見直しによる業務分散の例

（出典：厚生労働省「人生100年時代に向けた高年齢労働者の安全と健康に関する有識者会議報告書」より）

エ　注意力、集中力、判断力を必要とする作業

　監視作業、製品検査などの高度の集中が必要な作業は、一連の作業時間が長くならないように、ローテーションなどにより作業を分担します。注意力や判断力の低下による労働災害を防止するには、複数の作業を同時に行わせないようにします。

　また、注意力などの反応が低下してきた高年齢者には、素早い判断や行動が必要な作業をなくします。その他、高年齢者は、仕事の量や内容の急な変更に対応しにくくなりますので、作業の進み具合を自ら確認できるようにするよう努めます。

オ　腰部に過度の負担軽減

　高年齢者の筋力の低下に応じ作業内容を変えます。見た目以上に重いものを急に持ち上げたり支えたりするような作業は腰痛になりやすいので、小ロット化や作業回数を少なくします。また、重量の明示などにより具体的な重さがわかるようにすることも必要です。

カ　身体的負担の大きな作業

　身体的負担が大きな作業をする場合、疲労軽減のため、快適に休憩できる十分な広さ（例：横になって身体を伸ばせる）休憩場所を設けることが望まれます。

キ　情報機器作業への対応

　厚生労働省「情報機器作業における労働衛生管理のためのガイドライン」（**図48**）にもとづき、一日の作業時間、休憩の取り方、望ましい姿勢等の作業管理、健康診断や職場体操等の健康管理、労働者への情報機器作業を快適に行うための労働衛生教育等を行います。

作業区分の定義		作業環境管理	作業管理		健康管理
拘束性のある作業（注1）	1日に4時間以上情報機器作業を行う者であって次のいずれか： ・常時ディスプレイを注視、または入力装置を操作 ・休憩や作業姿勢の変更に制約	照明・採光 情報機器の選択 騒音の低減 点検・清掃	1日の作業時間が過度に長時間とならない 一連続作業時間が1時間を超えない 作業途中、1,2回の小休止 次の連続作業までに10〜15分の作業休止 ＊「拘束性のある作業」は、1日の連続作業時間への配慮	機器や姿勢の調整	健康診断 ・業務歴 ・既往歴 ・自覚症状の有無 ・眼科学的検査 ・筋骨格系検査
それ以外（注2）	上記以外の情報機器作業対象者				自覚症状を訴える者のみ上記の検査を行う

注1：作業時間または作業内容に相当程度拘束性があると考えられるもの（全ての者が健診対象）
注2：上記以外のもの（自覚症状を訴える者のみ健診対象）

図48　情報機器作業における労働衛生管理のためのガイドライン

(3) 熱中症対策

　厚生労働省「職場における熱中症による死傷災害の発生状況」（平成 27 年）をもとに、熱中症対策を以下に示します。平成 27 年は熱中症で 29 人が亡くなりました。

① WBGT 値が 28℃超では厳戒態勢をとる

　亡くなった 29 人のうち 28 人の職場では、WBGT 値は未計測でしたが、その周辺では WBGT 値が 28℃を超えていました。環境省のデータでは WBGT 値が 28℃を超えると熱中症が急増し、厳戒態勢をとらなければなりません（**図 49**）。

　WBGT 値を計測し、気温が高い、照り返しが強いなどにより、どれほど熱が襲ってくるか、湿度が高いとどれくらい熱を放出しにくいかなどを事前に把握します。事業場内でも場所によって WBGT 値は異なります。湿度が高い草むらや、照り返しが強いコンクリート上などでは一段と高くなります。JIS 規格に適合した WBGT 値測定器を使い、WBGT 値の高い場所を見つけます。

② 熱への順化期間が必要である

　亡くなった 29 人のうち 26 人は、計画的な熱への順化期間が設けられていませんでした。

　暑い環境で作業を始め 3 〜 4 日が経過すると、人は汗をかくのに必要な自律神経の反応が早くなり、体温上昇を抑えることがうまくなります。さらに 3 〜 4 週間経過すると、汗をかく際、無駄な塩分を出さないようになります。ただ、急に暑くなると、これらがうまく働かず、暑さに徐々に慣らしていく熱への順化期間が必要になります。週間天気予報などをもとに、今後の気温の上昇を予測し、作業者を熱に順化させる日を見定め、その日から 7 日以上かけ、作業時間を短縮する、休憩回数を増やす、休憩場所を充実させるなどの対策を行います。

　盆休みなどの長期休暇や冷夏の期間が続くと、せっかく熱に順化した身体は元の状態にもどってしまい、再び熱に順化させる期間を設けなければなりません。

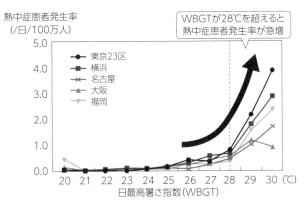

図 49　暑さ指数と熱中症患者発生率との関係

(出典：環境省「熱中症予防情報サイト」より)

③　時間を決め、定期的に水分、塩分をとる

　亡くなった 29 人のうち 17 人は、定期的に水分、塩分をとっていませんでした。

　のどが渇いていなくても、こまめな水分、塩分補給は必須です。非常に過酷な暑さのときは、20 ～ 30 分ごとに、コップ 1 ～ 2 杯程度の摂取が求められています。

④　健康診断により糖尿病、心臓疾患等がないか確認する

　亡くなった 29 人のうち半数近くの 13 人は、糖尿病、心臓疾患、高血圧等、熱中症発症に影響を与えるおそれのある疾患を有していました。しかし、健康診断を受診しておらず、事業者はそのことが確認できていませんでした。熱中症発症に影響を与えるおそれがある疾患は、以下のとおりです。日頃よく見かける風邪や下痢なども、脱水症につながるため、注意が必要です。

①糖尿病、②高血圧症、③心疾患、④腎不全、⑤精神・神経関係の疾患、
⑥広範囲の皮膚疾患、⑦風邪、⑧下痢　等

熱中症発症に影響のある疾患

⑤　やむを得ず休憩させても放っておかない

　亡くなった 29 人のうち 8 人は、一旦、職場で休憩したものの容態が急変しました。あわてて救急搬送しましたが手遅れでした。これは体温調節力の低下により、身体の熱を外に出すメカニズムが働かなくなり、休憩したものの効果がなく容態が悪化したものです。

　環境省「熱中症環境保健マニュアル」の熱中症の応急措置フローによると（**図 50**）、熱中症の疑いがあるものの意識がある場合には休憩をさせます（チェック 2）。その後のフローで、「症状がよくなりましたか？」（チェック 4）とありますが、ここが重要です。休憩後、しばらくしたら症状がよくなったか確認しなければなりません。

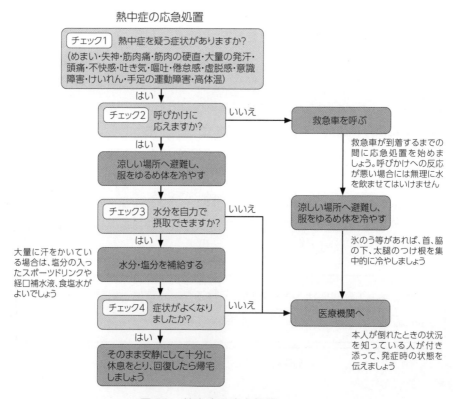

図 50　熱中症の応急処置フロー

(出典：環境省「熱中症環境保健マニュアル 2018」より)

3 高年齢労働者の健康や体力の状況の把握

(1) 健康状況の把握

　表1は平成29年度患者調査の結果を示したものです[1]。

　患者数が多く、35～64歳に比較して、加齢とともに65歳以上で患者数が急増するものとしては、新生物（悪性腫瘍、がんなど）、糖尿病、脂質異常症、神経疾患、高血圧性疾患、心疾患（虚血性心疾患など）、脳梗塞、歯肉炎および歯周疾患、筋骨格系及び結合組織の疾患、骨折などがあげられます。

　このうち糖尿病、脂質異常症、高血圧性疾患、心疾患などは、労働安全衛生法で定める雇入時および定期の健康診断で把握することができます。雇入時健康診断の結果で採用の可否を判断してはいけませんが、高年齢労働者はすでに持病を持っていることも少なくないので、配置先については、産業医等の意見を聴取し、適正配置をこころがけることが必要になります。

　他方、神経疾患や筋骨格系および結合組織の疾患は血液検査等では把握できませんので、問診票による把握が必要になります。さらに、中高年齢者は歯周病をもっている場合が多く、歯周病は肺炎や動脈硬化、脳梗塞等のリスクファクターであることも知られており、歯科保健についても配慮が必要です。会社で歯科検診を行っているのであればその受診と適切な事後措置を行っていない場合も、定期的な歯科受診を促すことが必要です。

　定期健康診断においては聴力検査が行われていますが、この結果を安全配慮に十二分に活かすことが、特に高年齢労働者の場合は不可欠です。高年齢者の聴力の衰えについては以下の4つの特徴があります。

---

① 高い周波数が聞えない（高い音から聞こえなくなります）
② リクルートメント現象（小さい音は聞こえにくく、大きい音はうるさく感じるようになります）
③ 周波数分解能が落ちる（ぼやけた、割れた、歪んだ音に聞こえるため、例えば、「パンツ」と「タンス」の区別がつかないということがおこります）
④ 時間分解能が落ちる（早口がわかりにくくなります）

---

　①に関連するものとしては、例えば、機械が故障した際の警告音が聞こえないといった問題が起こりえます。また、③に関連するものとしては、騒音がある場合、指示がよくわからないということが起こりえます。④の早口も同様です。難聴のある高年齢者は、そのような聞こえにくさを自覚しながらも補聴器をつけることを避ける傾向があります。しかしながら、聞こえにくさは職場での事故につながりかねないリスクですので、健康診断の結果を踏まえて、聴力に関する保健指導をしっかりと行うことは重要です。

傷　病　大　分　類	入院			外来		
	35〜64歳	65歳以上	75歳以上（再掲）	35〜64歳	65歳以上	75歳以上（再掲）
総　　　数	270.7	960.9	698.8	2180.5	3644.8	2080.3
Ⅰ 感染症及び寄生虫症	3.3	14.7	11.5	46.6	55.7	28.8
Ⅱ 新生物<腫瘍>	33.6	104.3	61.2	86.8	150.1	79.1
Ⅲ 血液及び造血器の疾患並びに免疫機構の障害	0.8	4.4	3.5	9.9	6.5	3.9
貧血	0.3	2.5	2.1	7.8	3.9	2.6
Ⅳ 内分泌、栄養及び代謝疾患	5.9	25.7	20.0	142.3	281.3	143.2
糖尿病	4.0	14.4	10.6	63.1	157.6	82.0
脂質異常症	0.0	0.2	0.1	47.0	99.0	48.6
その他の内分泌、栄養及び代謝疾患	1.6	10.5	8.8	17.7	10.1	5.2
Ⅴ 精神及び行動の障害	101.4	136.8	70.4	132.9	70.0	35.1
気分［感情］障害（躁うつ病を含む）	10.2	18.1	10.3	50.5	24.2	11.3
Ⅵ 神経系の疾患	21.5	97.1	77.2	44.9	103.3	75.1
Ⅶ 眼及び付属器の疾患	2.1	9.3	5.8	84.8	216.9	125.1
白内障	0.8	6.7	4.5	9.0	74.1	43.9
その他の眼及び付属器の疾患	1.3	2.6	1.3	75.8	142.8	81.1
Ⅷ 耳及び乳様突起の疾患	0.8	1.5	0.9	22.3	44.8	25.8
内耳疾患	0.3	1.0	0.7	4.9	7.2	4.2
その他の耳疾患	0.2	0.3	0.1	5.7	10.6	6.3
Ⅸ 循環器系の疾患	27.9	199.0	157.7	179.6	700.9	446.6
高血圧性疾患	0.3	5.2	4.7	137.8	506.2	314.6
心疾患（高血圧性のものを除く）	6.9	56.4	46.3	22.3	109.3	75.2
虚血性心疾患	3.0	12.3	7.8	9.7	45.2	28.8
その他の心疾患	3.8	44.2	38.5	12.6	64.1	46.3
脳血管疾患	18.4	126.8	99.4	14.3	70.7	47.7
脳梗塞	6.5	83.6	69.0	7.6	52.3	37.5
その他の脳血管疾患	11.9	43.2	30.5	6.7	18.5	10.3
Ⅹ 呼吸器系の疾患	5.9	83.8	72.8	150.3	124.8	67.4
肺炎	1.8	32.6	28.7	1.6	3.3	2.0
急性気管支炎及び急性細気管支炎	0.1	1.0	0.9	17.4	9.7	4.2
気管支炎及び慢性閉塞性肺疾患	0.4	8.1	7.0	4.1	16.5	11.2
喘息	0.3	2.0	1.6	28.3	26.4	14.1
Ⅺ 消化器系の疾患	14.6	47.8	34.0	497.7	561.3	272.9
歯肉炎及び歯周疾患	0.0	0.0	0.0	181.0	224.3	103.2
胃潰瘍及び十二指腸潰瘍	0.6	2.5	1.9	7.4	12.0	6.7
胃炎及び十二指腸炎	0.1	0.4	0.4	23.4	37.7	20.1
肝疾患	2.1	5.1	3.4	10.9	14.6	7.5
Ⅻ 皮膚及び皮下組織の疾患	2.0	9.1	7.2	101.6	85.0	44.4
XIII 筋骨格系及び結合組織の疾患	12.7	56.2	39.9	215.8	624.6	387.5
炎症性多発性関節障害	0.6	3.7	2.6	19.4	27.4	14.0
脊柱障害	4.8	19.0	13.3	104.6	298.0	185.8
骨の密度及び構造の障害	0.2	1.7	1.4	4.4	54.4	38.1
その他の筋骨格系及び結合組織の疾患	7.1	31.8	22.6	87.4	244.9	149.6
XIV 腎尿路生殖器系の疾患	7.4	40.8	30.9	127.0	156.9	83.8
糸球体疾患、腎尿細管間質性疾患及び腎不全	4.9	29.1	21.6	51.0	98.2	49.5
乳房及び女性生殖器の疾患	1.1	0.8	0.5	56.7	8.3	3.4
その他の腎尿路生殖器系の疾患	1.4	10.9	8.8	19.4	50.4	30.9
XIX 損傷、中毒及びその他の外因の影響	19.4	111.8	90.6	106.3	106.7	61.0
骨折	10.9	83.8	70.5	27.5	51.4	32.7
その他の損傷、中毒及びその他の外因の影響	8.6	28.0	20.1	78.8	55.4	28.3

表1　入院・外来別、年齢階級別患者数（千人）

（出典：厚生労働省　平成29（2017）年度患者調査より）

　視力検査については、高年齢者の視力低下の原因疾患として重要な加齢黄斑変性症と網膜静脈閉塞症に注意する必要があります。

　加齢黄斑変性症とは黄斑に変性が生じて起こる病気で、物を見る中心である黄斑が障害されるため、視野の中心が見えにくくなり、「中心が暗く、黒くなる」、「物が小さく見える」、「ゆがんで見える」といった症状が現れます。通常の視力検査だけではわかりませんので、問診票等で把握するなどの工夫が必要です。

　網膜静脈閉塞症は網膜静脈が詰まる病気で、高血圧の合併率が約80％と高いのが特徴です。網膜静脈閉塞症になると網膜出血や網膜浮腫が生じます。定期健診で網膜検査を行っている場合は、この検査で発見できますし、行っていない場合は、高血圧や糖尿病をもつ従業員に対して、かかりつけ医の受診時に網膜検査を受けるよう指導をすることが大事です。

　そのほか、高年齢者の視力検査で重要なものとしては白内障と緑内障があります。白内障は、加齢とともに有病率が高くなり、初期の白内障を含めると50歳代では37〜54％、60歳代では66〜83％、70歳代では84〜97％といわれています[2]。したがって、高年齢労働者の中には、自分で気づかない程度の白内障患者が多くいると考えられます。

　白内障は徐々に進行するため、わかりにくい場合もあるのですが、例えば、「段差が見えにくくなる」、「薄い色が識別しにくくなる」といった症状で気づくことがあります。段差が見えにくい状態は転倒につながりますので、早期発見・早期治療が重要です。また、紺の靴下と黒の靴下の区別がつきにくいといった症状が現れますので、こうした症状の有無について問診票で把握する工夫が必要です。

　他方、労働安全衛生規則に規定されている照度は、白内障のない若年労働者を基準に作られていますので、本当にその照度で問題がないかどうかについては各職場で再検討が必要です。

　緑内障は目の硬さである眼圧が、その人の耐えられる眼圧より上昇することで視神経を障害して視力障害を起こす病気ですが、近年増加しています。視力障害は職場での事故の原因になりますので、40歳以上の労働者の方は労働安全衛生法に定める定期健診とは別に、定期的に眼科で検査を受けることを職場で推奨することが望ましいと考えます。

(2) 体力の状況の把握

　厚生労働省がまとめた平成31年／令和元年「労働災害発生状況」によれば、同年に労災に遭った60歳以上の労働者は、前年比1.4％増の33,715人で、労働災害全体の26.8％を占めています[3]。図51はそのうち高年齢者で特に問題となる墜落・転落災害と転倒災害について、性別・年齢階級別に発生率を見たものです。いずれも加齢に応じて増加するのですが、男性では墜落・転落災害が、女性では転倒災害が多いという性差があります。表1をみると高年齢者では労働災害以外でも骨折や筋骨格系の傷病の有病率が高くなりますが、これ

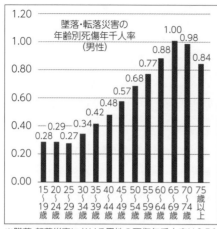
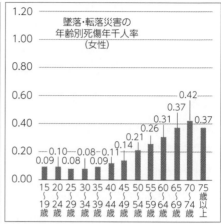

※墜落・転落災害における男性の死傷年千人率は0.56、女性の死傷年千人率は0.17。

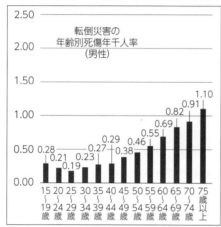
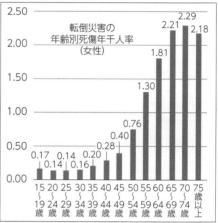

※転倒災害における男性の死傷年千人率は0.41、女性の死傷年千人率は0.67。

$$発生率（死傷年千人率）＝\frac{1年間の休業4日以上の死傷者数※}{1年間の平均労働者数}×1,000$$

※便宜上、15〜19歳の死傷者数には14歳以下を含めた。
1年間の平均労働者数として、「役員を除いた雇用者数」を用いている。

図 51　男女別・年齢別労働災害の発生率

（出典：厚生労働省「労働者私傷病報告」、総務省「労働力調査」（基本集計・年次・2019年）より）

は加齢による筋力や柔軟性の低下、そして特に女性では骨粗しょう症の影響が大きいことによります。したがって、高年齢者の労働に際しては、若年者以上に筋力や柔軟性の維持向上が労働災害の防止のために必要になってきます。

　エイジフレンドリーガイドラインでは、別添2で「転倒等リスク評価セルフチェック票」を用いて「I身体機能計測」（2ステップテスト、座位ステッピングテスト、ファンクショナルリーチ、閉眼片足立ち、開眼片足立ち）と「II質問票による身体的特性の評価」を行い、これらの結果をレーダーチャートに記録することで、労働者自身が転倒等のリスクを自覚する仕組みが提案されています[4]。

転倒等は筋力、バランス能力、敏捷性の低下等により起きやすくなることから、高年齢労働者が自身の状態を知り、その結果をふまえて適切な体力づくりを行うよう動機づけをすることは労働災害防止の効果が期待できます。ただし、リスクを自覚しても、それに応じた正しい指導ができる体制がなければ意味がありません。したがって、各企業においては健康管理を行う内外の関係者の協力のもと、理学療法士・作業療法士といったセラピストや健康運動指導士などによる運動指導の教室を行うことが望ましいでしょう。

また、高年齢労働者自身も日常生活の中に運動を取り入れる工夫も必要です。例えば、通勤を利用してのウオーキング、自宅でのストレッチなどが考えられます。ただし、ウオーキングもストレッチも正しい方法で行うことでけがの予防になりますので、インターネットなどで情報を収集する、あるいはウオーキングシューズを購入する際にスポーツ店にいる専門家に尋ねるなどして、正しい運動法で行うよう注意が必要です。

体力測定については文部科学省が「新体力テスト実施要項（65歳〜79歳対象）」を公開しています[5]。市町村が住民の健康づくりの一環として、この実施要綱に基づく高年齢者の体力測定を行っている場合もありますので、それに参加して自身の体力を評価してみるのもよいでしょう。

⑶ 健康や体力の状況に関する情報の取扱い

事業者が、労働安全衛生法に基づき実施する健康確保措置や労働者の心身の状態の情報については、そのほとんどが個人情報保護法に規定する「要配慮個人情報」に該当する機微な情報となります。そのため、事業場においては、労働者が雇用管理において不利益な取扱いを受けるという不安を抱くことなく、安心して産業医等による健康相談等を受けられるようにするとともに、事業者が必要な心身の状態の情報を収集して、労働者の健康確保措置を十全に行えるようにするために、関係法令に則ったうえで、心身の状態の情報が適切に取り扱われることが求められます。

具体的には「労働者の心身の状態に関する情報の適正な取扱いのために事業者が講ずべき措置に関する指針」[6]に従って対応することが求められます。

この指針では心身の状態の情報の取扱いの原則について情報の性質によって3つに分類されており、これが参考になりますので以下その概要を説明します。

ア　労働安全衛生法令に基づき事業者が直接取り扱うこととされており、労働安全衛生法令に定める義務を履行するために、事業者が必ず取り扱わなければならない心身の状態の情報

これに相当するのが以下の情報です。

⒜　健康診断の受診・未受診の情報

⒝　長時間労働者による面接、指導の申出の有無

(c)　ストレスチェックの結果、高ストレスと判定された者による面接指導の申出の有無

(d)　健康診断の事後措置について医師から聴取した意見

(e)　長時間労働者に対する面接指導の事後措置について医師から聴取した意見

(f)　ストレスチェックの結果、高ストレスと判定された者に対する面接指導の事後措置について医師から聴取した意見

　　これらは法で定められたことを遂行するうえで不可欠なものですので、すべての情報をその取扱いの目的の達成に必要な範囲をふまえて、事業者等が取り扱う必要があります。ただし、それらに付随する健康診断の結果等の心身の状態の情報については以下のイの取扱いの原則に従って取り扱う必要があります。

イ　労働安全衛生法令に基づき事業者が労働者本人の同意を得ずに収集することが可能であるが、事業場ごとの取扱規程により事業者等の内部における適正な取扱いを定めて運用することが適当である心身の状態の情報

　　これに相当するのが以下の情報です。

(a)　健康診断の結果（法定の項目）

(b)　健康診断の再検査の結果（法定の項目と同一のものに限る。）

(c)　長時間労働者に対する面接指導の結果

(d)　ストレスチェックの結果、高ストレスと判定された者に対する面接指導の結果

　　これらの情報は事業者が安全配慮義務を果たすために不可欠なものですので、事業者等が当該情報の取扱いの目的の達成に必要な範囲をふまえて、取り扱うことが適切です。そのため、事業場の状況に応じて、①情報を取り扱う者を制限する、②情報を加工する等、事業者等の内部における適切な取扱いを取扱規程に定め、また、当該取扱いの目的及び方法等について労働者が十分に認識できるよう、丁寧な説明を行う等の当該取扱いに対する労働者の納得性を高める措置を講じたうえで、取扱規程を運用する必要があるとされています。

ウ　労働安全衛生法令において事業者が直接取り扱うことについて規定されていないため、あらかじめ労働者本人の同意を得ることが必要であり、事業場ごとの取扱規程により事業者等の内部における適正な取扱いを定めて運用することが必要である心身の状態の情報

　　これに相当するのが以下の情報です。

(a)　健康診断の結果（法定外項目）

(b)　保健指導の結果

(c)　健康診断の再検査の結果（法定の項目と同一のものを除く。）

(d)　健康診断の精密検査の結果

(e)　健康相談の結果

(f) がん検診の結果

(g) 職場復帰のための面接指導の結果

(h) 治療と仕事の両立支援等のための医師の意見書

(i) 通院状況等疾病管理のための情報

　体力測定の結果などはこの区分になります。これらの情報を事業者等が収集する際には、個人情報の保護に関する法律第17条第2項に基づき、労働者本人の同意を得ることが必要になります。

　高年齢者の労働災害防止という観点から考えると、上記イ、ウで収集される情報はいずれも重要であり、産業保健職（産業医、保健師等）の面談の際に適正配置のための情報として活用されることが望ましいと考えられます。

　したがって、産業保健職の守秘義務のもとでその情報が活用され、適正配置のための意見に反映される、あるいは、あらかじめウで収集される情報についても事業者等が安全配慮義務の履行に用いることを労働者と合意したうえでそれを活用する、といったことを明確に取扱規定として文書化しておくことが望ましいと考えられます。取扱規定の内容として指針には以下の例示があります[6]。

---

(3) 取扱規程に定めるべき事項
　　取扱規程に定めるべき事項は、具体的には以下のものが考えられる。
　　心身の状態の情報を取り扱う目的及び取扱方法
① 心身の状態の情報を取り扱う者及びその権限並びに取り扱う心身の状態の情報の範囲
② 心身の状態の情報を取り扱う目的等の通知方法及び本人同意の取得方法
③ 心身の状態の情報の適正管理の方法
④ 心身の状態の情報の開示、訂正等（追加及び削除を含む。以下同じ。）及び使用停止等（消去及び第三者への提供の停止を含む。以下同じ。）の方法
⑤ 心身の状態の情報の第三者提供の方法
⑥ 事業承継、組織変更に伴う心身の状態の情報の引継ぎに関する事項
⑦ 心身の状態の情報の取扱いに関する苦情の処理
⑧ 取扱規程の労働者への周知の方法
　　なお、②については、個々の事業場における心身の状態の情報を取り扱う目的や取り扱う体制等の状況に応じて、部署や職種ごとに、その権限及び取り扱う心身の状態の情報の範囲等を定めることが適切である。

　なお、労働安全衛生法令において労働者本人の同意を得なくても収集することのできる心身の状態の情報（上記ア、イ）であっても、取り扱う目的及び取扱方法等について、労働者に周知したうえで収集することが必要です。さらに、事業者は、心身の状態の情報の取扱いに労働者が同意しないことを理由として、または、労働者の健康確保措置及び民事上の安全

配慮義務の履行に必要な範囲を超えて、当該労働者に対して不利益な取扱い、具体的には解雇や契約期間の打ち切り、退職勧奨、不当な動機・目的をもってなされたと判断されるような配置転換または職位（役職）の変更を行うことは禁止されています。

　小規模事業場においては、産業保健業務従事者の配置が不十分であるために十分な措置を講じるための体制を整備することが困難な場合が少なくないと思われますが、その場合でも産業医や地域産業保健センターの支援などを得て事業場の体制に応じて合理的な措置を講じることが必要です。

4 高年齢労働者の健康や体力の状況に応じた対応

(1) 個々の高年齢労働者の健康や体力の状況をふまえた措置

　個々の高年齢労働者の健康や体力の状況をふまえた措置の指針としてガイドラインでは以下のように記述されています。

> **ガイドライン**
>
> (1)　個々の高年齢労働者の健康や体力の状況を踏まえた措置
> 　　　健康や体力の状況を踏まえて必要に応じ就業上の措置を講じること。
> 　　　脳・心臓疾患が起こる確率は加齢にしたがって徐々に増加するとされており、高年齢労働者については基礎疾患の罹患状況を踏まえ、労働時間の短縮や深夜業の回数の減少、作業の転換等の措置を講じること。
> 　　　就業上の措置を講じるに当たっては、以下の点を考慮すること。
> ・健康診断や体力チェック等の結果、当該高年齢労働者の労働時間や作業内容を見直す必要がある場合は、産業医等の意見を聴いて実施すること。
> ・業務の軽減等の就業上の措置を実施する場合は、高年齢労働者に状況を確認して、十分な話合いを通じて当該高年齢労働者の了解が得られるよう努めること。また、健康管理部門と人事労務管理部門との連携にも留意すること。

　高年齢者の脳・心臓疾患を予防するための健康管理で最も重要なのは高血圧の管理です。日本高血圧学会ではその管理目標を 75 歳未満は診察室血圧で 130/80mmHg 未満、75 歳以上でも 140/90mmHg 未満としています。高年齢者の高血圧の特徴としては、収縮期高血圧と脈圧の増大、血圧動揺性の増大、白衣高血圧の増加、夜間に血圧が降下しないタイプの増加、早朝昇圧（モーニングサージ）例の増加、起立性低血圧や食後血圧低下の増加があります。職域では起立性低血圧や食後血圧低下による転倒にも注意しなければなりません。

　したがって、こうした症状の有無についても産業医等による把握を行い、仮に起立性低血圧や食後血圧低下がある高年齢者の場合は、転落や転倒などのリスクのない作業に配慮する必要があります。また、職場に自動血圧計を設置し、高年齢者が作業前後、食事前後などのタイミングで自己測定できるような工夫も望ましいと思われます。

　こうした症状の可能性について高年齢者自身が自覚していることが重要であり、職域での健康教育の役割も重要である。さらに本人の了解を得たうえで、労働時間や深夜作業の制限、作業内容の変更についても、安全配慮義務の観点から、必要に応じて実施することが望ましいでしょう。

このほか、高年齢者の体力には大きな個人差がありますので、一定の職場の規律は守りながらも、休憩時間をフレキシブルにするという工夫も必要です。

また、職場における良いコミュニケーションも重要です。難聴は、目の前のコミュニケーションがうまくいかないためにイライラにつながり、周囲との軋轢（あつれき）を生んだり、思い込みによる間違った作業動作につながることもあります。こうした事態を防ぐためにも、健康診断で把握された聴覚異常について、産業医等が事後の指導を行い、補聴器の使用など適切な対応につなげていく必要があります。高年齢者の難聴は加齢によるものという思い込みで放置されている場合が少なくありませんが、労働災害の防止という点では、視力低下に対する対応とともに重要です。

また、下肢筋力の低下や柔軟性の低下により転倒のリスクが高まるので、体力測定の結果からそのリスクがあると判定された高年齢者については、健康運動指導士や理学療法士などの指導のもとに、筋力および柔軟性の維持向上のためのプログラムを準備することが望ましいでしょう。そのような対策を取ったうえでも、転倒のリスクがある高年齢者については、産業保健職との話し合いに基づいて、配置転換などを行うことが必要です。

さらに労働災害の防止のためには、職場の危険表示や作業台や機械の配置について、高年齢者の生理学的特徴から見直すことが重要です。転倒に関しては、それとはっきりわかる段差よりも小さな段差のほうが危ないことが種々の調査でわかっています。おしゃれなパステルカラーの表示はその色の薄さのために高年齢者には識別しにくいかもしれません。職場の騒音は高年齢者の音の識別能を下げるために、意思伝達の妨げになっているかもしれません。あるいは若者の早口のコミュニケーションは高年齢者には聞き取れていないかもしれません。いずれも高年齢者自身に確かめなければわからない問題です。高年齢者の視点から労働災害につながりうるリスクをリストアップし、その改善を図ることが職場環境管理の視点から必要になります。

(2) 高年齢労働者の状況に応じた業務の提供

個々の高年齢労働者の健康や体力の状況をふまえた措置の指針としてガイドラインには以下のように記述されています。

ガイドライン

(2) 高年齢労働者の状況に応じた業務の提供

　高齢者に適切な就労の場を提供するため、職場における一定の働き方のルールを構築するよう努めること。

　労働者の健康や体力の状況は高齢になるほど個人差が拡大するとされており、個々の労働者の健康や体力の状況に応じて、安全と健康の点で適合する業務を高年齢労働者とマッ

チングさせるよう努めること。
　　個々の労働者の状況に応じた対応を行う際には、以下の点を考慮すること。
・業種特有の就労環境に起因する労働災害があることや、労働時間の状況や作業内容により、個々の労働者の心身にかかる負荷が異なることに留意すること。
・危険有害業務を伴う労働災害リスクの高い製造業、建設業、運輸業等の労働環境と、第三次産業等の労働環境とでは、必要とされる身体機能等に違いがあることに留意すること。例えば、運輸業等においては、運転適性の確認を重点的に行うこと等が考えられること。
・何らかの疾病を抱えながらも働き続けることを希望する高年齢労働者の治療と仕事の両立を考慮すること。
・複数の労働者で業務を分けあう、いわゆるワークシェアリングを行うことにより、高年齢労働者自身の健康や体力の状況や働き方のニーズに対応することも考えられること。

　個々の労働者の状況に応じた対応を行う前提として、まず当該作業にどのようなリスクがあるのかという作業分析を行うことが必要です。そのうえで、それを高齢者が行う場合、さらにそのリスクがどの程度高まるのか、あるいはどのようなリスクが新たに加わるのかを、産業保健職をまじえて検討します。

　例えば、高血圧で降圧剤を飲んでいる高年齢の運転手の場合、食後血圧低下を起こしているようであれば、食事後の運転で意識レベルが低下することもあるかもしれません。あるいは、本人がそれと自覚していない心房細動がある場合もあります。糖尿病の治療を受けているのであれば低血糖が生じる場合もあり得ます。ガイドラインにもあるように職務として運転を行う高年齢者については、運転適性の確認を重点的に行うことが必要です。治療医と産業医との十分な情報交換が必要でしょう。高所作業など墜落・転落の危険性がある場合についても、同様の配慮が必要です。

　また、高年齢者がその持っている能力を十分に発揮するための時間管理も重要です。本人の希望や生活の状況にも配慮しながら、複数の労働者で業務を分けあう、いわゆるワークシェアリングを行うことは、高年齢者が無理なく働き続けることを可能にする対応策の一つです。

　いずれにしても高年齢者に適切な就労の場を提供するためには、職場における働き方のルールが明確であることが重要です。本書で紹介されている先進事例を参考に各社で適切な対応を検討してください。

(3) 心身両面にわたる健康保持増進措置
　ガイドラインでは、高年齢労働者の心身両面にわたる健康保持増進措置として、「事業場における労働者の健康保持増進のための指針」にもとづく健康づくりの取組みと、「労働者の心の健康保持増進のための指針」およびストレスチェックの集団分析結果を通じた職場環

境改善等のメンタルヘルス対策への取組みを求めています。ここでは、２つの指針と職場環境改善の概要を紹介します。

ア　職場における労働者の健康保持増進のための指針

近年、高年齢労働者の増加、急速な技術革新の進展等の社会経済情勢の変化、労働者の就業意識や働き方の変化、業務の質的変化等、働く人たちを取り巻く環境は大きく変化しています。これに伴い、定期健康診断の有所見率は増加傾向にあり、また、心疾患および脳血管疾患の誘因となるメタボリックシンドロームが強く疑われるものとその予備群は、男性の約２人に１人、女性の約５人に１人の割合に達しています。このほか、仕事に関して強い不安やストレスを感じている労働者の割合が高い水準で推移しています。

このような労働者の心身の健康問題に対処するためには、早い段階から心身の両面について健康教育等の予防対策に取り組むことが重要であり、事業場において、すべての労働者を対象とした心身両面の総合的な健康の保持増進を図ることが必要です。また、こうした健康の保持増進活動は、労働生産性向上にも貢献するものです。

(a) 健康保持増進対策の推進にあたっての事項

事業者は、次の項目に沿って健康保持増進対策を継続的かつ計画的に行う必要があります。また、対策の推進にあたっては、労働者等の意見を聴きつつ事業場の実態に即した取組みを行うことが必要です。

① 健康保持増進方針の表明

健康保持増進方針は、事業場における労働者の健康の保持増進を図るための基本的な考え方であり、事業者が表明します。

② 推進体制の確立

健康保持増進対策を推進するため、事業場の実情に応じて、産業医、衛生管理者、保健師等の産業保健スタッフや人事労務管理スタッフが活用し、各担当の役割を定めて事業場内における体制を確立します。

③ 課題の把握

健康保持増進対策を効果的に推進するためには、事業場における課題を把握しこれに応じた対応を行うことが重要です。健康保持増進対策を推進するスタッフ等の専門的な知見もふまえ、労働者の健康状態が把握できる客観的な数値等を活用しつつ課題を把握し、健康保持増進措置を検討します。

④ 健康保持増進目標の設定

健康保持増進方針にもとづき、把握した課題や過去の目標の達成状況をふまえ、健康保持増進目標を設定し、一定の期間において達成すべき到達点を明らかにします。

⑤　健康保持増進措置の決定

　　健康保持増進方針や、事業場における課題および目標をふまえ、事業場の実情もふまえつつ、健康保持増進措置を決定します。

⑥　健康保持増進計画の作成

　　健康保持増進目標を達成するため、健康保持増進計画を作成します。計画には、具体的な実施事項、日程など次の事項を含みます。健康保持増進計画は事業場における労働安全衛生に関する計画のなかに位置づけることが望ましいとされています。

・健康保持増進措置の内容及び実施時期に関する事項
・健康保持増進計画の期間に関する事項
・健康保持増進計画の実施状況の評価および計画の見直しに関する事項

⑦　健康保持増進計画の実施

　　健康保持増進計画に従って、健康保持増進対策を適切かつ継続的に実施します。

⑧　実施結果の評価

　　健康保持増進対策の実施結果等を評価して取組みの見直しを行い、新たな目標や措置等に反映させていきます。

イ　労働者の心の健康保持増進のための指針

　　近年の労働環境の変化によって働く人のストレスは増大し、その結果、心身の健康を害してしまうケースが増えています。適度なストレスは仕事の能率を高め、やる気をもたらしますが、過剰なストレスは体調や心の調子を崩す原因ともなります。

　　厚生労働省では、「労働者の心の健康の保持増進のための指針」（平成 18 年 3 月）により、以下に示す「4 つのケア」を中心とした事業者が行うメンタルヘルス対策の進め方を示しています。事業者は指針にもとづいて、心の健康づくり計画をつくり、衛生委員会等の調査審議を経て、メンタルヘルス活動を進めていく必要があります。

(a)　4つのケア

①　セルフケア

　　一人ひとりがストレスに関する知識やストレスに対処する方法を学び、実践していきます。ストレスの問題を見つけ対処し、課題を解決することを「ストレスコーピング」といい、事業者はこれを支援します。

②　ラインによるケア

　　職場のマネジャーやリーダーなどの管理監督者が部下の心のケアをすることを指します。いつもと違う部下の様子を早めに気づき、相談対応を行ったり、産業医や医師、提携する相談窓口などの専門家につなぎます。また、ストレス要因を軽減するため、職場の環境改善を行います。

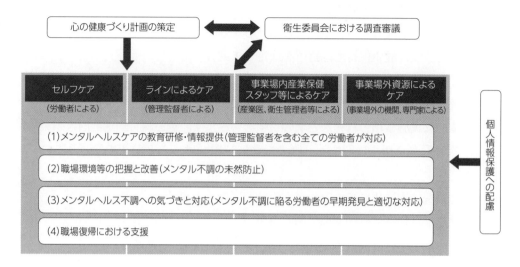

図52　メンタルヘルスケアの具体的な進め方

③　事業場内産業保健スタッフ等によるケア

　　事業場内産業保健スタッフ等とは、衛生管理者、衛生推進者、産業医や人事労務管理スタッフを指します（注：衛生管理者、産業医は、労働者が50人以上の事業場、10人以上50人未満の事業場の場合は衛生推進者）。これらのスタッフは、事業場でメンタルヘルス対策を中心になって進める役割を担い、メンタルヘルス推進担当者としての養成研修等の教育を受けていることなどが望まれます。

　　教育研修・情報提供の実施、労働者や管理監督者等の支援や、具体的なメンタルヘルス対策の企画立案を行います。

④　事業場外資源によるケア

　　事業場外でメンタルヘルスケアへの支援を行う機関や専門家を指し、精神科等の医療機関、相談機関等を活用し、その支援を受けます。職場以外の相談機関と契約して労働者が相談を受けられるようにしたり、治療が必要な場合には、医療機関を受診します。

ウ　ストレスチェックの集団分析を通じた職場環境改善

　健康に影響を及ぼす職場環境には、職場の物理的な環境（温度、換気、照明等、レイアウト）、作業方法、人間関係、人事労務管理体制、疲労を回復するための施設、設備などさまざまなものが含まれます。職場環境改善とは、このような職場環境を改善することで、労働者のストレスを軽減し、メンタルヘルス不調を予防しようとするものです。

　これらの環境要因をストレスチェックの集団分析結果を活用しながら評価し、職場の働きやすくするために実効性の高い改善計画を職場のメンバーで話し合いながら立てて、改善を行いましょう。

5 安全衛生教育

　ガイドラインにもとづく対策を進めるためには、高年齢労働者はもとより、管理監督者や高年齢労働者とともに働く周囲の労働者も、その対策の意義や内容を理解し実行することが必要です。このためガイドラインでは、事業者に対し高年齢労働者や管理監督者等に対して安全衛生教育を実施することを求めています。

(1) 高年齢労働者に対する教育

　高年齢労働者の就労に当たっては、労働安全衛生法で定める雇入れ時等の安全衛生教育、一定の危険有害業務において必要となる技能講習や特別教育を修了することが必要です。厚生労働省は、安全衛生教育等推進要綱において、安全衛生教育等の対象者・種類・実施時期および内容（表2（74頁））を示していますので、対象の高年齢労働者が保有する資格等を照合し、確実に実施するよう留意しましょう。

　また、高年齢労働者が経験のない業種や業務に従事する場合には、特に丁寧な教育訓練を行うことが重要です。十分に時間をかけ、写真や図、映像等の文字以外の情報も活用して、作業内容とそのリスクについての理解を得やすくするよう工夫しましょう。ガイドラインでは、加齢に伴う健康や体力の状況の低下や個人差の拡大を踏まえ、以下の点を考慮して安全衛生教育を計画的に行い、その定着を図ることを求めています。

ガイドライン

(1) 高年齢労働者に対する教育
（略）
- 高年齢労働者が自らの身体機能の低下が労働災害リスクにつながることを自覚し、体力維持や生活習慣の改善の必要性を理解することが重要であること。
- 高年齢労働者が働き方や作業ルールにあわせた体力チェックの実施を通じ、自らの身体機能の客観的な認識の必要性を理解することが重要であること。
- 高年齢労働者にみられる転倒災害は危険に感じられない場所で発生していることも多いため、安全標識や危険箇所の掲示に留意するとともに、わずかな段差等の周りの環境にも常に注意を払うよう意識付けをすること。
- 高年齢労働者に対して、サービス業の多くでみられる軽作業や危険と認識されていない作業であっても、災害に至る可能性があることを周知すること。
- 勤務シフト等から集合研修の実施が困難な事業場においては、視聴覚教材を活用した教育も有効であること。
- 危険予知トレーニング（KYT）を通じた危険感受性の向上教育や、VR技術を活用した

エイジフレンドリーガイドライン　第3章

　危険体感教育の活用も考えられること。
・介護を含むサービス業ではコミュニケーション等の対人面のスキルの教育も労働者の健康の維持に効果的であると考えられること。
・IT 機器に詳しい若年労働者と現場で培った経験を持つ高年齢労働者がチームで働く機会の積極的設定等を通じ、相互の知識経験の活用を図ること。

　ガイドラインをふまえて、高年齢労働者向け安全衛生教育のカリキュラム（例）を示しました。このカリキュラムに含まれる教育内容の概略を次に紹介します。

ア　エイジフレンドリーの考え方

　まずはエイジフレンドリーの考え方について、第1章から第3章の記述を中心に高年齢労働者自身に全体像を理解してもらうことが大切です。身近なヒヤリハット事例を含めた映像教材などを用いて分かりやすく解説し、エイジフレンドリーの取組みが他人事ではなく、自分自身の職業生活において重要であることを、理解してもらいましょう。

高年齢労働者向け安全衛生教育カリキュラム（例）

1. 対　　象：60歳以上の継続雇用者及び新規採用者（20人～30人）
2. 目　　標：加齢に伴う労働災害リスクの理解と自らの身体機能や健康状態の把握および対策の習得
3. 所要時間：3時間
4. 教　　材：高年齢労働者が安全・健康に働ける職場づくり

科目名	概　　要	使用教材等
【講義・演習】60分 加齢に伴う労働災害リスクとその対処法について	・エイジフレンドリーの考え方 ・加齢に伴う身体機能の変化と災害リスク ・ヒヤリ・ハット情報の活用 ・安全確認手法の活用（安全標識・指差し呼称） ・KYT、危険体感教育の活用	・DVD 等視聴覚教材 ・テキスト『高年齢労働者が安全・健康に働ける職場づくり』（本書）
【実技】60分 体力チェック実習	・体力チェック実習・体力チェック結果への対応（本人版・就業措置）	
【講義・実習】60分 体力維持のための生活習慣について	・高年齢労働者向け体力維持向上のための生活習慣（運動・食生活・休養）について ・コミュニケーションスキル ・自己宣言（項目候補を提示）	

イ　加齢に伴う心体機能の変化と災害リスク

　第2章と第3章の3および4において、加齢に伴う体力の低下などさまざまな心身機能の変化に関する記述があります。これをふまえて、個々の機能の変化により高まる労働災害リスクを解説し、加齢に伴う災害リスクの増加を具体的に理解してもらうことが大切です。

ウ　ヒヤリハット情報の活用

　上記のイを念頭に、参加者同士がそれぞれのヒヤリハット体験を相互に紹介し、ヒヤリハット情報を共有します。特に紹介のなかで、「足が上がらなかったから……」や「目がかすんで見えなかったから……」など身体機能に関わる災害発生要因を振り返ることで、身体機能の低下に伴う災害リスクを実感することができますので、必ずその要因を含めてヒヤリハット体験を話してもらうように促しましょう。また、情報を共有する際に、他人事として聞かず、自分がそのヒヤリハットの当事者であることをイメージすることが大切です。自分が当事者としてそのイメージを実感すると、同様の場面でそのヒヤリハットが想起され、危険の予知と回避に役立ちます。

エ　安全確認手法の活用（安全標識・指差し呼称）

　多くの職場では、高年齢労働者の「見えにくい」や「聞こえにくい」などの身体機能の低下に対応するため、第3章2で紹介しているようなさまざまな安全標識や警報音などを活用しています。しかしながら、高年齢労働者がその安全標識等の意味を理解し、現場でしっかりと活用していなければ役立ちません。

　そこで高年齢労働者に対する安全衛生教育においては、安全標識等の意味と設置個所などに関する情報を、職場内のヒヤリマップなどとともに紹介し、安全の確保に役立てましょう。

　また、効果的な安全確認手法として、指差し呼称があげられます。指差し呼称のポイントをまとめましたので、この演習を教育に盛り込み実践に繋げていただくことをおすすめします。

〈 ポイント 〉

指差し呼称

　指差し呼称とは、作業を安全に、誤りなく進めていくために、作業行動の要所要所で、自分が確認すべき対象を腕を伸ばししっかり指差し、危険がない、または、危険が排除された状態を「対象＋状態　ヨシ！」と呼称して確認する安全確認行動です。例えば道路を横断するときに、右側から車が近づいていないことを確認する場合「右（対象）＋車・無し（状態）　ヨシ！」と呼称するのがよいでしょう。

エイジフレンドリーガイドライン

第3章

オ　危険予知訓練（KYT）、危険体感教育の活用

　高年齢労働者も含め職場全体が安全な行動をとるためには、みんなで、職場や作業に
どんな危険があるか、対策をどうしようかと話し合い、考え合う「危険予知訓練（KYT）」
が効果的です。危険予知訓練は、危険のＫ、予知のＹ、そして訓練（トレーニング）の
ＴをとってＫＹＴと略称されています。**表2**の手順に従ってイラストシート**図59**のな
かにひそんでいる危険を発見し、危険のポイントを絞り込んで対策を検討し、実践につ
なげるものです。危険感受性と問題解決能力を高める効果があり、高年齢労働者の安全
意識を高める手法として教育に組み込むことが望まれます。

ラウンド (R)	危険予知訓練の ポイント	ラウンドの内容（要旨）
1R	どんな危険が ひそんでいるか	イラストシートの状況の中にひそむ危険を発見し、危険要因とその要因 が引き起こす現象を想定して出し合い、共有し合います。
2R	これが危険の ポイントだ	発見した危険のうち、これが重要だと思われる危険を把握して○印、さ らにみんなの合意でしぼりこみ◎印とアンダーラインをつけ "危険のポ イント" とし、指差し唱和で確認します。
3R	あなたなら どうする	◎印をつけた危険のポイントを解決するにはどうしたらよいかを考え、 具体的な対策案を出し合います。
4R	私たちはこうする	対策の中からみんなの合意でしぼりこみ、※印とアンダーラインをつけ、 "重点実施項目" とします。それを実践するための "チーム行動目標" を設定、指差し唱和で確認します。

表2　KYT基礎4ラウンド法の概略

イラストシート例　どんな危険が潜んでいるか　【業務名　窓拭き】

状　況
あなたは、脚立を使って、
窓拭きをしている。

図 53　イラストシート例

　次に危険体感教育ですが、これは専用の装置や VR 技術を活用して労働災害を疑似体験するものです。災害の衝撃や恐怖とともに災害を印象深く実感できるので、実際の災害に遭遇する機会の少ない現代において、効果的な教育手法となっています。ここでは、高年齢労働者に多い転倒、墜落転落、腰痛などについて、体感教育の実践例（**図 54**）をご紹介します。

⑩脚立ぐらつき体感 墜落・転落

**脚立のぐらつきの衝撃を体感し
適正な使用方法を体感する。**

- 脚立のぐらつきを体感し、設置場所や設置状況の重要性を理解する。
- 脚立のすべりを体感し、脚立の開き止め金具の重要性を理解する。

POINT
脚立は転倒するものと考え、安易に使用せず、
潜む危険性を理解し、
常に適正使用を実施すること!

⑯歩行時滑り体感 転倒

**平板、足場板、ボールローラー、
縞鋼板等の上を歩行し
「滑る危険」「転倒の危険」を体感する。**

- 作業現場内や工場内には、滑る床がたくさん存在する。機械周りの床は油がこぼれて滑り易くなっているかもしれない。何かのトラブルにあわてて走り転倒する可能性は十分にある。
- もし、万が一滑ってしまったら、どのくらい滑るのか?実際における、滑りの度合いを体感する。

POINT
転倒防止対策、作業床、安全通路の
確保を徹底しよう!!

⑭白内障・飲酒歩行体感 転倒

**白内障による、「かすみ」「ぼやけ」「眩しさ」を
体感する。飲酒による「酩酊状態」を体感する。**

- 専用のメガネを装着し、障害物を避けながら、ライトに向かって歩く。
- 「かすみ」「ぼやけ」「眩しさ」がいかに見にくく、歩きにくいかを体感する。
- 飲酒状態専用のメガネを装着し、酩酊状態で障害物を避け歩行する。

POINT
安全通路確保の重要性!
バリアフリーの重要性!
飲酒運転厳禁!

⑳重量物運搬腰痛体感 腰痛

**見た目の大きさに惑わされてしまう
ヒューマンエラーを体感する。**

- サイズの異なる2種類の箱と取手の有無、合計7個の箱を順番に軽い箱から重い箱へと並べてもらう。
- サイズの違いによる、箱の重さの度合いを体感する。
- 取手の有無による、箱の重さの度合いを体感する。
- 見た目の判断からヒューマンエラー(思い込み)が発生していることを体感する。

POINT
見た目の大きさに惑わされて
判断してはいけない!!

㉖VR（仮想現実） [VR]

●疑似体感が難しい災害をＶＲ技術の活用によりリアル
　体感して危険性を実感。

a.墜落体感［高所足場］

b.火傷体感［グラインダー］

c.転落体感［作業台］

d.交通事故体感

e.感電防止体感

f.触車体感［フォークリフト］

㉖VR（仮想現実） [VR]

●疑似体感が難しい災害をＶＲ技術の活用によりリアル
　体感して危険性を実感。

g.荷崩れ体感［フォークリフト］

h.接触事故体感［ホイスト］

i.墜落体感［昇降台］

j.墜落体感［大型変圧器］

k.感電体感

l.土砂崩れ体感［管路］［法肩］

図54　危険体感教育の実践例

（資料提供：株式会社明電舎「安全体感車１号車ガイドブック」より転載）

カ 体力チェック

　ガイドラインでは、高年齢労働者の体力の状況把握として、体力チェックの実施を求めており、厚生労働省作成の「転倒等リスク評価セルフチェック票」等の活用を推奨しています。体力チェックの活用については、第3章の3および4で詳しく解説していますが、ガイドラインの安全衛生教育に関する記述においても「高年齢労働者が自らの身体機能の低下が労働災害リスクにつながることを自覚し、体力維持や生活習慣改善の必要性を理解すること」や「体力チェックの実施を通じ、自らの身体機能の客観的な認識の必要性を理解すること」の重要性を示しています。

　したがって、安全衛生教育の中に体力チェックを組み込み、自身の体力に関する気付きを促すことは、健康・体力の維持増進に向けた生活習慣改善のための動機づけに効果的です。

キ 高年齢労働者向け体力維持向上のための生活習慣（運動・食生活・休養）

　高年齢労働者が働き続けるうえで、自身の体調の変化についてセルフケアを行うことが効果的です。セルフケアを行うことで、自身の健康に着目し、日々の体調の変化に気づくことができ、ケガや病気などの予防につながります。日々の継続したセルフケアで、高年齢労働者がいきいきと働き、生活を送ることができます。

(a) 睡眠（休養）

　睡眠は、免疫や疲労回復に重要です。しかし、高年齢になると、眠りたくてもなかなか寝付けない、朝早く起きてしまうなど、良質な睡眠がとれない状態の人も多くいます。良質な睡眠を確保するためには、下記の対策を図ってみましょう。

① 起床したら朝日を浴びる。
② 就寝前の3〜4時間はカフェインの入った飲み物・食べ物（コーヒー・緑茶・チョコレート・栄養ドリンクなど）、ニコチンを控える。
③ 寝酒は睡眠の質を落とすので控える。
④ 平日と休日の起床時間はできるだけ同じにする。
⑤ 睡眠不足のときは午後の早い時間に30分以内の昼寝をする。
⑥ 寝る前に簡単なストレッチを行う。
⑦ 眠気が出たら寝床につく。朝方に目が覚めてしまい、二度寝ができないようであれば、寝床から出て朝の時間を過ごす。

(b)　**食事（栄養）**

　高齢期のやせは肥満よりも死亡率が高くなります。これまでは、食べ過ぎ・肥満への対策が取られていましたが、加齢とともに低栄養も問題となっています。低栄養とならないよう、筋肉を作るのに重要なタンパク質、骨粗しょう症予防のためのカルシウム、ビタミンDの摂取を心がけましょう。

　食事については、1日3食きちんと食べることです。高齢になると、1回に食べる量が少なくなっていきます。3回の食事で1日に必要なエネルギーやタンパク質をとります。食事内容はバランスよく、肉・魚・卵・乳製品・大豆製品等のタンパク質を多く含む食品を毎食1品加えることを意識しましょう。規則正しい食事は生活リズムを整えることにもなります。

(c)　**運動（身体活動）**

　運動というと激しいスポーツをイメージするかもしれませんが、少しずつの身体活動でも全く動かないより効果があります。運動習慣のなかった人が急に運動を始めることには、リスクがあるため、無理のない範囲で、日常生活のなかから体を動かしましょう。適度な身体活動は爽快感を伴い、食事や休養といったほかの生活習慣にもよい影響を与えます。

　次のような運動を生活に取り入れてみましょう。

①　スクワット：太もも等の筋肉に効く

　手は前に上げたり、腕を組んだりすることで運動の強度が変わるので、自分に合った方法で実施しましょう。膝がつま先より前に出ないように膝とつま先は前向きに揃えて行います。

②　ヒールアップ：ふくらはぎ等の筋肉に効く

　体が斜め前に傾かないように真上に上がるように行います。踵上げをするときはお尻の筋肉を閉めるように行いましょう。

　バランスを崩す心配があるときは、イスなど、安定したものにつかまりましょう。

〈　ポイント　〉

フレイル・ロコモティブシンドローム・サルコペニアとは

　フレイルとは、虚弱のことをいい、「生活機能障害、要介護状態、死亡 などに陥りやすい状態」とされています。このような高年齢者は、些細なストレス（例：新しい投薬、“軽度の”感染症、“小”手術など）により、その原因に見合わないほど大きな健康状態の変化（自立状態から要介護状態、移動可能な状態から不可能な状態、易転倒性、意識清明な状態からせん妄状態など）の危険性があるとされています。しかし、適切な支援やケアで改善が見込めるといわれています。

　フレイルの概念には身体的、精神・心理的、社会的なものが含まれます。身体的フレイルのなかでは、関節や筋肉を含む運動機能の低下により、歩くなどの移動機能の低下した状態を「ロコモティブシンドローム」といい、筋力低下・筋量低下の状態を「サルコペニア」といいます。

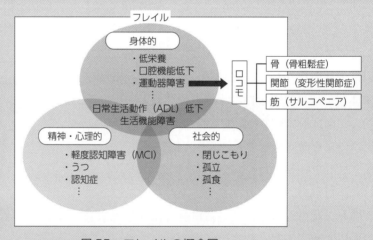

図 55　フレイルの概念図

(出典：アクティブシニア「食と栄養」研究会、鈴木隆雄、介護予防とフレイル「アンチエイジング医学」2016：12：15 をもとに作図)

ク　コミュニケーションスキル

　高年齢期になってもいきいきと働き続けるためには、普段から同僚や上司とのコミュニケーションを図り、ストレスを貯めないようにすることです。

　次のチェックリストで、自身のコミュニケーション能力をチェックしてみましょう。

<table>
<tr><td>

□　自分から挨拶する。
□　名前を呼んで話しかける。
□　うなずいたり、笑顔を送る。
□　相手の良い点をほめる。
□　感謝の気持ちを伝える。
□　素直に考えや気持ちを伝える。
□　問い詰めすぎず、上手に尋ねる。
□　相手の話をちゃんと聞く。

</td><td>

◎　よくできている
○　まあできている
△　あまりできていない
（© 中災防・土田 2008 年）

</td></tr>
</table>

　このチェックリストは、自分自身が周囲の人と、普段どのようなコミュニケーションをとっているかを振り返るためのものです。また、チェックの結果を他の人と共有し、お互いの感想などを話し合うことで、より理解を深めることができます。

　次の評価を参考に、コミュニケーションスキルの向上を図ることが望まれます。

　「◎よくできている」としたものは、自分自身の長所ととらえ、これからも積極的に行っていきましょう。そうすることで、相手との距離が縮まり、より円滑なコミュニケーションにつながります。

　「○まあできている」は、コミュニケーションスキルを磨くチャンス項目です。日頃から実施できる場面を想定し、機会があれば是非チャレンジしてみましょう。繰り返すうちにその行動は習慣になり、長所がまた一つ増えることになります。

　「△あまりできていない」は、少し苦手な項目かもしれません。どれか一つターゲットにする項目を決め、チャレンジしてみましょう。最初から無理をせず、スローステップで徐々に慣れることが大切です。

エイジフレンドリーガイドライン

第3章

ケ　自己宣言

　　生活習慣改善は、現状の生活に新たな習慣を組み込むなど大きな変化を伴うもので、強い意志を持って取り組まなければ定着しません。また、あれもこれもと複数の改善を同時に取り組もうとすると、負担が大きく挫折の原因にもなります。

　　まずは自分自身でできそうなものに的を絞り、着実に取り組んで行くことが大切です。このためにも安全衛生教育のまとめとして、自己宣言を行うことが効果的です。

〈 **ポイント** 〉

自己宣言（例）
　各行動について「やっている」「できそう」「できない」の欄に〇をつけてください

健康習慣自己宣言	やってる	できそう	できない
デュアルタスク・エクササイズで認知機能を維持する			
リラクセーション（呼吸法・ストレッチング・筋弛緩法など）			
食生活（脂肪の量や質、食事時間、食材、たんぱく質など）			
身体活動（有酸素運動、筋肉運動、体操やダンス）			
快適な睡眠のための取組み			
微温浴（ぬるめのお湯で心もすっきり）			
考え方の『クセ』をチェックして対処する			

「できそう」に〇をつけたなかから、一番できそうなことを一つ選んで宣言しましょう。

私は、＿＿＿＿＿＿＿＿＿＿＿＿＿＿＿＿＿＿＿＿＿＿＿＿＿＿＿＿＿＿＿＿
をこれから実践することを宣言します。　　　　　　年　　月　　日

(2) **管理監督者等に対する教育**

　ガイドラインでは、事業場内で教育を行う担当者や高年齢労働者が従事する業務の管理監督者、高年齢労働者とともに働く各年代の労働者に対しても、高年齢労働者に特有の特徴と高年齢労働者に対する安全衛生対策についての教育を行うことが望ましいとされています。

　したがって、管理監督者等に対しては労働者が主体的に取り組む健康づくりとともに体系的キャリア教育の中に位置付けるなどして、高年齢労働者自身に向けた安全衛生教育の内容に加え、さらに以下の点を考慮しつつ安全衛生教育を計画的に行うことが望まれます。

ガイドライン

　(2)　管理監督者等に対する教育

　　事業場内で教育を行う者や当該高年齢労働者が従事する業務の管理監督者、高年齢労働者と共に働く各年代の労働者に対しても、高年齢労働者に特有の特徴と高年齢労働者に対する安全衛生対策についての教育を行うことが望ましいこと。

　　この際、高齢者労働災害防止対策の具体的内容の理解に資するよう、高年齢労働者を支援する機器や装具に触れる機会を設けることが望ましいこと。

　　事業場内で教育を行う者や高年齢労働者が従事する業務の管理監督者に対しての教育内容は以下の点が考えられること。

　・加齢に伴う労働災害リスクの増大への対策についての教育

　・管理監督者の責任、労働者の健康問題が経営に及ぼすリスクについての教育

　　また、こうした要素を労働者が主体的に取り組む健康づくりとともに体系的キャリア教育の中に位置付けることも考えられること。

　　併せて、高年齢労働者が脳・心臓疾患を発症する等緊急の対応が必要な状況が発生した場合に、適切な対応をとることができるよう、職場において救命講習や緊急時対応の教育を行うことが望ましいこと。

第3章　エイジフレンドリーガイドライン

管理監督者向け安全衛生教育カリキュラム（例）

1. 対　　象：60歳以上の高年齢労働者を部下に持つ管理監督者（20人〜30人）
2. 目　　標：
3. 所要時間：4時間（内前半3時間は、高年齢労働者向けカリキュラムと同じ）
4. 教　　材：高年齢労働者が安全・健康に働ける職場づくり

【講義】60分 管理監督者に対する安全衛生教育の実際	・管理監督者の責任と経営に及ぼすリスク ・高年齢労働者とともに働く際の配慮や注意点（「エイジアクション100」を活用した職場環境の改善（ハード面、ソフト面）、健康KY、健康情報の取り扱い） ・体力チェックの結果に対応した就業措置 ・救急時の対応に必要な準備（AEDの設置位置の確認、救急対応マニュアルの有無等）	・テキスト『高年齢労働者が安全・健康に働ける職場づくり』（本書）

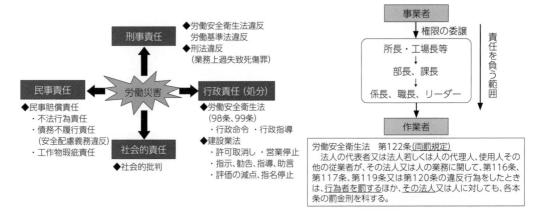

a）労働災害と事業者の責任　　　　b）権限の委譲と責任の発生

図56　管理監督者向け安全衛生教育のカリキュラム（例）

　ガイドラインをふまえて、管理監督者向け安全衛生教育のカリキュラム（例）と**図56**を示しました。このカリキュラムに含まれる教育内容の概略を次に紹介します。

ア　管理監督者の責任と経営に及ぼすリスク

　労働安全衛生法では、事業者に対する労働災害防止措置義務が課されており、これに違反した場合は、同法第119条、第120条によって刑事罰が科されます。処罰されるのは違反の実行行為者、その者を直接管理監督する課長、工場長等の管理者のほか、法人も罰金刑を科せられることになっています。

　また、労働災害が発生すると業務上過失責任や民事賠償責任等も同時に問われること

があり、業務に起因する疾病や傷害の発生は、経営上の大きなリスクといえます。

　職場の第一線の管理監督者のなかには、「自分の任務は、部下を指揮し仕事を進めることであり、部下の安全と健康の確保は、職場の安全衛生担当者の役割」と考え、安全衛生対策に無関心で他人事のように思っている人もいるようです。

　しかしながら、部下の安全と健康確保の責任者は管理監督者であり、部下に業務命令を発して指揮監督し、指導・統率して業務を遂行する現場の責任者に、安全衛生管理の実行が義務づけられているのです。

イ　高年齢労働者とともに働く際の配慮や注意点

　高年齢労働者の労働災害の発生には、加齢に伴う身体・精神機能の低下が影響を与えていることから、高年齢労働者の労働災害防止のためには、このような視点をふまえた労働災害発生リスクの低減対策がポイントとなります。

　中央労働災害防止協会（中災防）は、平成30年6月に高年齢労働者の安全と健康確保のための職場改善ツールとして「エイジアクション100」を開発しました。100の取組み（エイジアクション）を盛り込んだチェックリストを活用して職場の課題を洗い出し、改善に向けての取り組みを進めるためのもので、エイジフレンドリーガイドラインにおいても、その活用が推奨されています。

　詳細は、中災防ホームページの次のURLを参照してください。

https://www.jisha.or.jp/age-friendly/ageaction100.html

(a)　「エイジアクション100」の構成

「エイジアクション100」は、次の6点を中心に構成されています。

① 「高年齢労働者の安全と健康確保のためのチェックリスト」
② 「高年齢労働者の安全と健康確保のためのチェックリスト」の解説
③ 「高年齢労働者の労働災害の発生状況」
④ 「加齢に伴う身体・精神機能の状況」
⑤ 「高年齢労働者の安全と健康確保のための職場改善計画」
⑥ 「高年齢労働者の安全と健康確保に役立つパンフレット等のリスト」

(b)　「エイジアクション100」を活用した職場環境改善の流れ

　「エイジアクション100」を活用した職場環境改善は、主として、①事業所単位で、②安全（衛生）管理者（推進者）等が、③安全衛生委員会等で検討を行って、職場改善を進めていくことを想定しています。

　また、「エイジアクション100」を活用した職場環境改善においては、労働災害に直結する可能性の高い事項や法令上の事業者の義務となっている事項等について優先的に改善を行ったうえで、高年齢労働者の働きやすい職場環境の整備や働き方の見直しの取組みへとつなげるなど、企業の取組みレベルに応じて、順次、スパイラルアッ

プさせながら、継続的に取り組んでいけるようにしています。

ウ　健康や体力の状況をふまえた措置

　高年齢労働者の体力や健康状態は、個人差が大きいことから、管理監督者には、個々の労働者の健康診断結果や体力チェック結果をふまえた対応が求められます。この対応について「第3章の4　高年齢労働者の健康や体力の状況に応じた対応」に記載された事項を、産業医等の意見を聞いて実施することが大切です。

エ　救急時の対応に必要な準備

　高年齢労働者が脳・心臓疾患を発症するなど緊急の対応が必要となった場合には、その状態や環境をよく認識して、冷静沈着に、順序正しく、迅速に処置し、被災者に安心感、信頼感を持たせるよう行わなければなりません。

　まず、被災者に一番楽な姿勢をとらせることが必要です。少なくとも軽症であることが確認されるまでは、頭とからだを水平にして寝かせておきます。顔が紅潮していれば、頭を少し上げ、そう白のときは頭を少し下げます。

　嘔吐があれば、寝かせたまま顔を横に向けさせて吐かせ、吐物や血液が気管のなかに入って窒息するのを防ぎます。

　傷病者が正常な呼吸をしていないときは、胸骨圧迫や人工呼吸、AED（自動体外式除細動器）による除細動（電気ショック）等を行う[※]とともに医師の診察を速やかに受けることが必要です（**図57**）。119番通報し、次のことをはっきり伝えて、救急搬送を要請します。

① 　現在地、道順、目標物
② 　事故の種類、程度
③ 　現地で間に合う衛生材料等
④ 　現在実施している手当

　なお、日頃から、次のようなことに注意する必要があります。

① 　救急用具のある場所を明示しておくこと。
② 　定期的にAED等の救急用具の内容を把握し、常に点検・整備しておくこと。
③ 　被災者を送る医療機関の連絡先を確認しておくこと。

※注　新型コロナウイルス感染症の流行をふまえ、厚生労働省は下記の内容の追補を公表しました。

　　・胸骨圧迫のみの場合を含め心肺蘇生はエアロゾル（ウイルスなどを含む微粒子が浮遊した空気）を発生させる可能性があるため、新型コロナウイルス感染症が流行している状況においては、すべての心停止傷病者に感染の疑いがあるものとして対応する。

　　・成人の心停止に対しては、人工呼吸を行わずに胸骨圧迫とＡＥＤによる電気ショックを実施する。

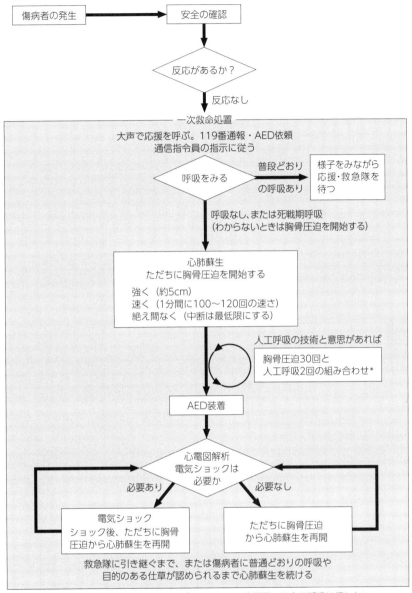

図57 一次救命処置の流れ

(出典:一般社団法人日本蘇生協議会監修「JRC 蘇生ガイドライン 2015」医学書院 2016 年 一部改変)

87

6 労働者に求められる事項

　生涯にわたり健康で長く活躍できるようにするために、働く人一人ひとりは、事業者が実施する取組みに協力するとともに、自己の健康を守るための努力の重要性を理解し、自らの健康づくりに積極的に取り組むことが必要です。

　また、自らの身体機能の変化が労働災害リスクにつながり得ることを理解し、労使の協力のもと、以下の取組みを実情に応じて進めることが必要です。

　このため前述の高年齢労働者や管理監督者等向けの安全衛生教育の場や、日常的に行っているミーティングにおいて、これらの取組みを含めて周知し、実践に繋げることが効果的です。体力チェックを行ううえでは、次頁から紹介する「転倒等リスク評価セルフチェック票」などが有効です。

ガイドライン

　第3　労働者に求められる事項
　（略）

・高年齢労働者が自らの身体機能や健康状況を客観的に把握し、健康や体力の維持管理に努めること。なお、高齢になってから始めるのではなく、青年、壮年期から取り組むことが重要であること。

・事業者が行う労働安全衛生法で定める定期健康診断を必ず受けるとともに、短時間勤務等で当該健康診断の対象とならない場合には、地域保健や保険者が行う特定健康診査等を受けるよう努めること。

・事業者が体力チェック等を行う場合には、これに参加し、自身の体力の水準について確認し、気付きを得ること。

・日ごろから足腰を中心とした柔軟性や筋力を高めるためのストレッチや軽いスクワット運動等を取り入れ、基礎的な体力の維持と生活習慣の改善に取り組むこと。

・各事業所の目的に応じて実施されているラジオ体操や転倒予防体操等の職場体操には積極的に参加すること。また、通勤時間や休憩時間にも、簡単な運動を小まめに実施したり、自ら効果的と考える運動等を積極的に取り入れること。

・適正体重を維持する、栄養バランスの良い食事をとる等、食習慣や食行動の改善に取り組むこと。

・青年、壮年期から健康に関する情報に関心を持ち、健康や医療に関する情報を入手、理解、評価、活用できる能力（ヘルスリテラシー）の向上に努めること。

転倒等リスク評価セルフチェック票

I 身体機能計測結果

① 2ステップテスト（歩行能力・筋力）

あなたの結果は □□□ cm／□□□ cm（身長）＝ □□□

下の表に当てはめると→ 評価 □□□

評価表	1	2	3	4	5
結果／身長	〜 1.24	1.25 〜 1.38	1.39 〜 1.46	1.47 〜 1.65	1.66 〜

② 座位ステッピングテスト（敏捷性）

あなたの結果は □□□ 回／ 20秒

下の表に当てはめると→ 評価 □□□

評価表	1	2	3	4	5
（回）	〜 24 回	25 〜 28 回	29 〜 43 回	44 〜 47 回	48 回〜

③ ファンクショナルリーチ（動的バランス）

あなたの結果は □□□ cm

下の表に当てはめると→ 評価 □□□

評価表	1	2	3	4	5
（cm）	〜 19cm	20 〜 29cm	30 〜 35cm	36 〜 39cm	40cm〜

④ 閉眼片足立ち（静的バランス）

あなたの結果は □□□ 秒

下の表に当てはめると→ 評価 □□□

評価表	1	2	3	4	5
（秒）	〜 7 秒	7.1 〜 17 秒	17.1 〜 55 秒	55.1 〜 90 秒	90.1 秒〜

⑤ 開眼片足立ち（静的バランス）

あなたの結果は □□□ 秒

下の表に当てはめると→ 評価 □□□

評価表	1	2	3	4	5
（秒）	〜 15 秒	15.1 〜 30 秒	30.1 〜 84 秒	84.1 〜 120 秒	120.1 秒〜

Ⅱ 質問票（身体的特性）

	質問内容	あなたの回答 NO は			合算点数		評価	評価
1	人ごみの中、正面から来る人にぶつからず、よけて歩けますか	→		↘		下記の評価表であなたの評価は		①歩行能力筋力
2	同年代に比べて体力に自信はありますか	→		↗	点			
3	突発的な事態に対する体の反応は素早いと思いますか	→		↘				②敏捷性
4	歩行中、小さい段差に足を引っかけたとき、すぐに次の足が出ると思いますか	→		↗	点			
5	片足で立ったまま靴下を履くことができると思いますか	→		↘				③動的バランス
6	一直線に引いたラインの上を、継ぎ足歩行で簡単に歩くことができると思いますか	→		↗	点			
7	目を閉じて片足でどのくらい立つ自信がありますか	→	→					④静的バランス（閉眼）
8	電車に乗って、つり革につかまらずどのくらい立っていられると思いますか	→		↘		下記の評価表であなたの評価は		⑤静的バランス（開眼）
9	目を開けて片足でどのくらい立つ自信がありますか	→		↗	点			

⬇ 回答 No を選んで記入

1	①自信がない　②あまり自信がない　③人並み程度　④少し自信がある　⑤自信がある
2	①自信がない　②あまり自信がない　③人並み程度　④少し自信がある　⑤自信がある
3	①素早くないと思う　②あまり素早くないと思う　③普通　④やや素早いと思う　⑤素早いと思う
4	①自信がない　②あまり自信がない　③少し自信がある　④かなり自信がある　⑤とても自信がある
5	①できないと思う　②最近やってないができないと思う　③最近やってないが何回かに 1 回はできると思う　④最近やってないができると思う　⑤できると思う
6	①継ぎ足歩行ができない　②継ぎ足歩行はできるがラインからずれる　③ゆっくりであればできる　④普通にできる　⑤簡単にできる
7	① 10 秒以内　② 20 秒程度　③ 40 秒程度　④ 1 分程度　⑤それ以上
8	① 10 秒以内　② 30 秒程度　③ 1 分程度　④ 2 分程度　⑤ 3 分以上
9	① 15 秒以内　② 30 秒程度　③ 1 分程度　④ 1 分 30 秒程度　⑤ 2 分以上

合算点数	2〜3	4〜5	6〜7	8〜9	10
評価表	1	2	3	4	5

Ⅲ レーダーチャート

89、90ページの評価結果を転記し線で結びます。
（Ⅰの身体機能計測結果を黒字、Ⅱの質問票（身体的特性）は赤字で記入）

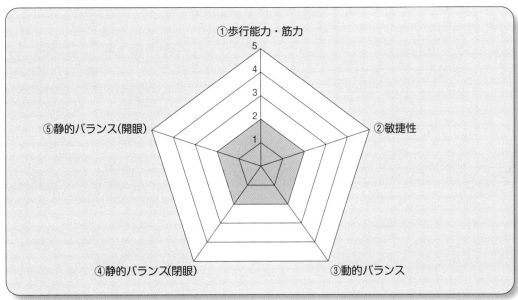

エイジフレンドリーガイドライン

第3章

チェック項目

①　身体機能計測の大きさをチェック

　　身体機能計測結果を示しています。黒枠の大きさが大きい方が、転倒等の災害リスクが低いといえます。黒枠が小さい、特に2以下の数値がある場合は、その項目での転倒等のリスクが高く注意が必要といえます。

②　身体機能に対する意識の大きさをチェック

　　身体機能に対する自己認識を示しています。実際の身体機能と意識が近いほど、自らの身体能力を的確に把握しているといえます。

③　①と②の大きさをチェック

（1）「①　≧　②」の場合

　　　それぞれの枠の大きさを比較し、黒枠が大きいもしくは同じ大きさの場合は、身体機能レベルを自分で把握しており、とっさの行動を起こした際に、からだが思いどおりに反応すると考えられます。

（2）「①　＜　②」の場合

　　　それぞれの枠の大きさを比較し、赤枠が大きい場合は、身体機能が自分で考えている以上に衰えている状態です。とっさの行動を起こした際など、からだが思いどおりに反応しない場合があります。枠の大きさの差が大きいほど、実際の身体機能と意識の差が大きいことになり、より注意が必要といえます。

（出典：「転びの予防と簡単エクササイズ」（中災防））

7　国、関係団体等による支援の活用

(1) 中小企業や第三次産業における高齢者労働災害防止対策の取組事例の活用

　有識者会議において、中小企業や第三次産業に該当する３社から、高齢者労働災害防止策の取組み事例の紹介がありました。いずれも社内のコンセプトが明確であり、試行錯誤を繰り返しながら効果的な対策に到達した過程も参考になりますので、ここでご紹介します。

○原信ナルスオペレーションサービス株式会社（小売業）

　運営するスーパーマーケットの水産部門作業室では 2000 年代中頃まで、入荷した商品の箱に詰まった氷や、魚をおろすときに流す水で、常に床が濡れて滑りやすい状況にあった。

　ある店舗で店長が主導してドライ化の改善活動を行い、改善前は長靴が必要だった環境が、改善後は短靴で作業ができる環境になり、その後全社に水平展開した。新しく作る店舗ではさらに、滑りにくい床材への変更も進めている。これらの取組みで水産部門の滑りによる転倒災害は大幅に減少した。

○社会福祉法人目黒区社会福祉事業団特別養護老人ホーム東山（社会福祉施設）

　職員が長く働き続けられるよう、きめ細かい取組みを行っている。特に、腰痛予防のため、５つの取組みを行った。

① 　夜勤の勤務時間の見直しを行い、移乗介助の回数を減らし体への負担を軽減するよう体制を変更した。

② 　直接介助を行う介護士等は年に２回腰痛健診を実施している。

③ 腰痛予防委員会を設置し、施設長が委員長となって業務の姿勢などの腰痛の原因を取り除くことを実践し、また腰痛予防体操を行っている。

④ 　衛生委員会を活用し職場の課題を検討している。

⑤ 　天井走行リフトの利用をケアプランに入れ、ルール化を図った。

○株式会社忠武建基（建設業）

　技能労働者や若手人材が不足する中、働く高年齢者に長く安心して安全に働いてもらうための環境整備を進めた。

① 　働く高年齢者の提案から、重い鋼材の取り付け作業を簡単に安全に行える資機材を開発。

② 　防じんマスクや防振手袋、墜落制止用器具は高性能なものや軽量なものを選択し、負担軽減を図るとともに、定期健康診断を夏と冬の年２回行い、健康管理を実施。

③ 　安全で安心に仕事を進めるための現場のルールをまとめ、ベテランの働く高年齢者

にも徹底。
④　社内の給与制度や継続雇用に関する社内ルールを工夫。
⑤　ベテランの高年齢者と若年者をペアリングして相互に教え合う体制とする。
　　これらの結果、全社的なモチベーションの向上や、社員と会社との信頼関係の向上を通じて、会社全体の一体感が生まれた。

　また、中小企業や第三次産業を含む多くの事業場における高齢者労働災害防止対策の積極的な取組み事例が、厚生労働省、労働災害防止団体および独立行政法人高齢・障害・求職者雇用支援機構（以下「JEED」という。）のホームページ等で提供されており、代表的な資料のタイトルと URL を記載しますので、ご活用ください。

・独立行政法人高齢・障害・求職者雇用支援機構、65 歳超雇用推進事例サイト
　http://www.jeed.or.jp/elderly/data/statistics.html
・高年齢労働者の身体的特性の変化による災害リスク低減推進事業に係る
　調査研究報告書（2010 年）
　https://www.mhlw.go.jp/new-info/kobetu/roudou/gyousei/
　　anzen/101006-1.html
・高年齢労働者の活躍促進のための安全衛生対策　―先進企業の取組事例集―
　https://www.mhlw.go.jp/file/06-Seisakujouhou-11300000-
　　Roudoukijunkyokuanzeneiseibu/0000156037.pdf
・生涯現役社会の実現につながる高年齢労働者の安全と健康確保のための
　職場改善に向けて
　https://www.mhlw.go.jp/content/000364585.pdf

⑵ 個別事業場に対するコンサルティング等の活用

ア　安全衛生診断の活用

　労働者は、健康管理の一環として「定期健康診断」や「人間ドック」などを活用し、体の隅々まで検査し、疾病の予防や早期発見に努めています。

　事業場の安全衛生管理についても同じようなことがいえます。

　事業場としての安全衛生管理状態や活動状況に問題が無いかどうかを把握し、改善すべき課題があればそれを明確にして早期に対応することで、事故や労働災害を未然防止できます。

　多くの事業場では、定期的な「職場パトロール」や「リスクアセスメント」などを活用してリスクを洗い出しおり、これらはたいへん有効な取組みですが、社内の眼だけでは当たり前のこととして大きなリスクや課題を見逃しているかもしれません。特に高年

齢労働者への対応はきめ細やかな対応が必要で、仕事の内容と体力等に応じた対策が必要になります。作業手順を分解し、さまざまなステップにおける高年齢労働者への安全衛生対策を考えていくことが大切です。

　また、高年齢労働者への対応だけでなく一般的に各事業場で実施している安全衛生水準は、他社と比べてどのようなレベルにあるかなど、手探りで取り組んでいることもあるのではないでしょうか。事業場全体の安全衛生水準を向上させることも、ひいては高年齢労働者への配慮へとつながっていきます。

　そこで有効なことは、社内だけでなく社外の専門家を活用することです。ガイドラインでは、下記のように個別事業場に対するコンサルティング等の活用を促しています。

ガイドライン

(2)　個別事業場に対するコンサルティング等の活用

　　中央労働災害防止団体（編注：中災防）や業種別労働災害防止団体等の関係団体では、JEED 等の関係機関と協力して、安全管理士や労働安全コンサルタント、労働衛生コンサルタント等の専門家による個別事業場の現場の診断と助言を行っているので、これらの支援を活用すること。

　　また、健康管理に関しては、健安機構の産業保健総合支援センターにおいて、医師、保健師、衛生管理者等の産業保健スタッフに対する研修を実施するとともに、事業場の産業保健スタッフからの相談に応じており、労働者数 50 人未満の小規模事業場に対しては、地域産業保健センターにおいて産業保健サービスを提供しているので、これらの支援を活用すること。

　安全管理士・衛生管理士、労働安全・労働衛生コンサルタントは、安全衛生の専門家として、現場で経験した災害事例や改善事例などを通じて得た多くの知識と知恵を有しています。高年齢労働者への対応についても豊富な経験と知識を提供できます。

　事業場に対する「健康診断」として、管理士やコンサルタントによる「安全衛生診断」の活用が有効です。

　「安全衛生診断」により社内の人とは異なった角度から事業場の隅々までを診断でき、今まで見えなかった新たな課題やリスクの発見だけでなく、事業場の優れている点も明確になります。

　これらのリスクを事業場関係者で共有化し、対策を実施することで、高年齢労働者だけでなく、働く人全員に対して効果的な改善が図れます。

　また、これらの診断を受診することで、自社社員の危険に対する見方や感受性の向上も期待できます。

イ　労働安全衛生コンサルタントとは

①　労働安全衛生法第 81 条第 1 項または第 2 項に基づき事業場の安全または衛生についての診断およびこれに基づく指導を業務としています。

②　厚生労働大臣が行う国家試験に合格し、登録された労働安全衛生の高度の専門家です。

③　労働安全衛生法で、業務に関する守秘義務、盗用の禁止等が定められています。これはコンサルタントでなくなった後においても課せられています（守秘義務等）。

④　専門は、安全（建築・土木・機械・化学・電気）と衛生（保健衛生・衛生工学）に分かれています。

ウ　労働安全衛生コンサルタントの主な業務

①　事業場や作業現場の安全衛生診断およびこれに基づく改善指導

②　安全衛生に関する各種教育訓練、講演会の講師

③　労働安全衛生マネジメントシステムの構築・運用・監査等の指導

④　法令に基づくリスクアセスメント実施の指導

⑤　労働災害の原因究明および再発防止対策指導

⑥　社内安全衛生管理規程、作業手順書等の作成指導

⑦　健康診断や作業環境測定に関すること

⑧　その他安全衛生管理や活動の水準を向上させるための支援

エ　こんなときに活用できます

①　労働災害やヒヤリ・ハット事例が発生したとき

②　労働安全衛生マネジメントシステムを導入・運用等するとき

③　労働安全衛生法第 28 条の 2 第 1 項又は同法 57 条の 3 第 1 項に基づきリスクアセスメントを行うとき

④　機械設備や作業環境、作業方法等の改善を行うとき

⑤　安全衛生講演や安全衛生教育の講師が必要なとき

⑥　社内安全衛生管理規程や作業標準の作成を行うとき

⑦　安全衛生管理活動の活性化を図るとき

オ　労働安全衛生コンサルタント活用のメリット

①　高度な専門性と豊富な経験を活用した指導

②　安全衛生に関する最新の情報を入手

③　専門性の異なった複数のコンサルタントとの連携等により、安全衛生の総合指導

④　あるべき姿を示しながら、現状も勘案しての無理のない改善指導

⑤　高年齢労働者の心身の状況変化を理解しながらの指導

⑥　事業場管理者とは異なった視点で課題を見つけ出し、わかりやすく説明

⑦　教育訓練や指導を受けることで、管理者や作業者の危険に対する感受性が向上し、それに伴い不安全行動が抑制され、労働災害が減少

```
連絡先
一般社団法人　日本労働安全衛生コンサルタント会
〒108-0014　東京都港区芝 4-4-5　三田労働基準協会ビル 5 階
TEL：03-3453-7935　FAX：03-3453-9647
HP：http://www.jashcon.or.jp　　　E-mail：info@jashcon.or.jp
```

(3) エイジフレンドリー補助金等の活用

　近年、働く高年齢者の増加は顕著ですが、労働災害で被災する方の割合は増加しています。このため、高年齢者が健康で安全に働けるよう職場環境づくりが必須となっています。そのために、高年齢労働者（60 歳以上）が健康で安全に働くための設備改善や作業改善、安全衛生教育及び指導等に要する費用の一部を国（厚生労働省）が補助する制度が設けられました。

　令和 2 年度の事業内容は以下のとおりです。

　（注）年度により一部変更される場合もありますので、詳細は各年度の資料を参照。

ア　対象となる事業者（下記の 3 項目すべてに該当する中小企業事業者）

①　60 歳以上の労働者を常時 1 人以上雇用

②　業種：小売業、サービス業、卸売業、その他業種（労働者数、資本金等は下表参照）

③　労働保険及び社会保険に加入している

業　種		労働者数	資本金
小売業	小売業、飲食店等	50 人以下	5,000 万円以下
サービス業	医療福祉、宿泊業等	100 人以下	5,000 万円以下
卸売業	卸売業	100 人以下	1 億円以下
その他業種	製造業、建設業、運輸業、金融業等	300 人以下	3 億円以下

イ　補助金額

①　補助対象：高年齢労働者（60 歳以上）のための職場環境改善に要した経費

②　補助率：2 分の 1

③　上限額：100 万円

ウ　補助対象となる職場環境の主な改善対策

・通路の段差解消
・床や通路の滑り防止対策
・暗い作業場所の照度改善
・危険個所への安全標識や警告灯等の設置
・熱中症リスクの高い作業場での涼しい休憩場所
　の整備
・作業姿勢を改善するための作業台等の設置
・重量物搬送機器等の導入

写真3　改善事例：階段に手すりを設置

・重筋作業を補助するパワーアシストスーツ等の
　導入
・介護におけるリフト、スライディングシート等の導入
・体力チェックの実施
・運動指導、栄養指導、保険指導等の実施
・保健師等の指導による身体機能の維持向上活動
・加齢に伴う労働災害リスクの増大の理解度促進のための教育
・高年齢者の理解度を図りつつ反復実施する安全衛生教育

(4) 社会的評価を高める仕組みの活用

ア　従業員の高齢化と企業の課題

　少子高齢化の進展や高年齢者の高い就業意欲、高年齢者雇用安定法による雇用確保措置等により、企業で働く60歳以上の高年齢者の割合は既に2割弱になっていますが、今後さらに大きなボリュームになってくることが予想されます。

　今後も企業活動を維持していくためには、高齢従業員が長年培ってきたスキルや能力を発揮し活躍できるよう、戦力化を図ることが大きな課題になります。

　安心して安全に働き続けられるよう職場環境を整備することが必要になりますが、特に、65歳を超えると、体力、気力、健康、自身や家庭の事情などに個人差が大きくなるため、個々のニーズや状況に応じて多様で柔軟な働き方ができるよう工夫することが継続的に活躍してもらうためのカギになります。

　すでに、定年延長や継続雇用制度の上限年齢の引き上げなどで、65歳を超えて働ける制度をもつ企業は30.8％、70歳以上働ける制度のある企業も28.9％となり、徐々に増加しています。こうした企業では、高年齢者を戦力化し活躍してもらうことを経営方針として位置づけ、高年齢者の経験や能力を活かせる企業風土にしていくために、働きに応じた賃金・評価制度、柔軟な勤務時間制度などの人事管理制度を見直し、高年齢者のモチベーションの維持・向上への取組み、安心・安全に働けるようさまざまな工夫、

さらには従業員の意見を取り入れながら修正するなど、高年齢者が長く活躍できるよう環境整備に取り組む企業が増えています。

イ　高年齢者雇用開発コンテスト

　厚生労働省と高齢・障害・求職者雇用支援機構では共催により、昭和61年度から「高年齢者雇用開発コンテスト」を開催しています。高年齢者が活躍できる職場環境に向け取り組んでいる企業を公募し、学識経験者を含む審査委員会での厳正な審査を通して、優れた取組みに対して厚生労働大臣優秀賞等の表彰を行っています。

　表彰企業は、中小企業が多く、多様な業種にわたります。さまざまな課題を抱えるなかで「高齢者を戦力化する」という方針のもと、高年齢労働者が能力を発揮し積極的に業務を遂行できるよう、自社の特徴を生かした創意工夫を試行錯誤しながら取組みを進めています。取組内容は、多岐にわたりますが、定年制度や勤務延長制度の見直し、短時間勤務制度の導入、賃金・処遇の見直しといった人事管理制度の整備に加えて、高年齢者の新たな役割として技術・技能の伝承役や若者・中途採用者へ教育指導役などを付与してモチベーションの維持向上を図ったり、高年齢者の身体機能に応じた作業環境の改善や仕事の分割・分業などの職務再設計を行ったり、健康を維持して長く働き続けられるよう健康管理への配慮、働きやすい職場をつくる風土の醸成など従業員の意見を取り入れながらきめ細かな工夫を行っています。

　表彰後の影響も少なくありません。現役社員から「社員を大事にしてくれる会社なのだと気がついた。これからも安心して働ける」という意見があったり、「社員全体の取組みが評価され社内の雰囲気がよくなった」、「社員のモチベーションが上がった」、「中途採用求人への応募が増えた」、「波及効果が大きかった」など表彰企業からも声が寄せられています。

　こうした取組事例の普及啓発を図るべく、毎年10月の「高年齢者雇用支援月間」に実施している「高年齢者雇用開発フォーラム」において、表彰式を開催するとともに基調講演、事例発表、パネルディスカッションなどのトークイベントを開催しています。

　また、平成27年以降の表彰企業の取組事例は、65歳超雇用推進事例サイト[1]で紹介しています。この事例サイトでは、65歳を超えて働ける人事制度をもつ企業が高年齢労働者を活躍してもらうために取り組んでいるさまざまな好事例を掲載しており、順次企業事例を追加しています。

　さらに、コンテスト表彰企業や収集した多数の好事例企業の取組を7つのカテゴリー（「作業施設等の改善」、「健康管理・安全衛生」など）に分けてポイント別に整理した冊子『生涯現役社会の実現に向けた競争力を高めるための高齢者雇用〜パフォーマンス向上のためのポイント集』[2]も発行しています。企業の取組を切り口ごとにポイントが整理されているので、好事例全体を俯瞰しながら、実施可能な取組を検討開始すること

ができます。

　高年齢者が活躍できる職場の構築に向けて取り組むことは全従業員によい影響を与えます。こうした表彰企業や好事例を参考に、できるところから取り組みを始めていくことをおすすめします。

(5) 職域保健と地域保健の連携及び健康保険の保険者との連携の仕組みの活用

ガイドライン

> (5)　職域保健と地域保健の連携及び健康保険の保険者との連携の仕組みの活用
>
> 　職域保健と地域保健との連携を強化するため、各地域において地域・職域連携推進協議会が設置され、地域の課題や実情に応じた連携が進められているところである。また、健康保険組合等の保険者と企業が連携して労働者の健康づくりを推進する取組も行われている。
>
> 　具体的には、保険者による事業者に対する支援策等の情報提供や、保健所等の保健師や管理栄養士等の専門職が、事業場と協働して、事業協同組合等が実施する研修やセミナーで、地域の中小事業者に対して職場における健康づくりや生活習慣改善について講話や保健指導を実施するといった取組が行われており、これらの支援を活用すること。

　高齢化が進展するなかで、国民一人ひとりの生涯を通じて継続的かつ包括的な保健事業を展開していくためには職域保健と地域保健との連携が重要となっています。これにあたり、都道府県と二次医療圏では、地方公共団体・労働局・産業保健総合支援センター・保険者・地域の経済団体・医師会等関係団体・支援機関等から構成される地域・職域連携推進協議会を設置し、地域の課題や実情に応じた連携を進めています。

　高年齢労働者が定年退職や継続雇用の終了となり、就労を希望する場合、地域での雇用就業機会を求めたり、短時間労働やシルバー人材センターでの就労等によって地域の雇用就業の場に移る場合が考えられます。また、小規模事業所などでは働く高年齢者の労働災害防止対策への取り組みが進んでいないなどの状況があります。

　こうした状況をふまえて、職域保健と地域保健の連携によって、地域の中小事業者に対して、地域産業保健センターや労働災害防止団体による働く高年齢者の労働災害防止や職場での健康づくり等についての支援策等の情報を多様なルートで広く周知が行われています。

　また、事業協同組合等が実施する研修やセミナーの場においては、保健所等の保健師や管理栄養士等の専門職が、職場における健康づくりや生活習慣改善について講話や保健指導なども行われています。

第4章

企業における好事例

この章で学ぶこと

○第4章では、高年齢者の働きやすい職場づくりに先進的に取り
　組んでいる企業の事例を紹介します。

1 トヨタ自動車株式会社における健康の取組み

トヨタ自動車株式会社　安全健康推進部　健康推進室主幹
木田　明

(1) トヨタ自動車の概要

　トヨタ自動車株式会社は、昭和 12 年 8 月に創立し、国内には 12 工場の生産拠点があります。国内の従業員数は 74,515 人で、現在、自動車の製造販売を行っています。

(2) 健康経営への取組み

　トヨタ自動車では高年齢者雇用安定法の改正や従業員の高齢化等を背景に、高年齢者になってもいきいきと元気に、休務することなく活躍してもらうためのさらなる健康施策の強化が課題でした。そこで 2017 年から「従業員の心身の健康は良い仕事をするための源である」という社長の健康宣言のもと、健康経営を進めることで従業員の健康増進の活性化や生産性の向上、企業価値の向上を図るとともに、健康施策を会社の持続的成長につながる企業経営の根幹と位置付けて活動に取り組むことにしました（**図 58**）。

　また、社長の健康宣言につづき各カンパニー・本部トップにおける健康メッセージの発信や、健康宣言モニュメントをものづくりに携わる現場の仲間がデザインから鋳造、熱処理、

図 58　社長の健康宣言　　　　　　　写真 4　健康宣言モニュメント（ウェルポ前）

加工、塗装までをすべて内製で製作するなど、経営トップはもとより現場の最前線で働く仲間も力を合わせて取組みを進めています（**写真4**）。

(3) 健康施策の考え方と高齢化を見据えた健康増進活動へのさらなる取組み

　トヨタ自動車では、健康施策の取組みとして、フィジカル・メンタルの両面から予防活動、早期発見・対応、回復活動という3つのフレームワークで、心身の疾患による休務者（労働損失）低減に向けた活動を展開しています（**図59**）。

　これまでの取組みとしては、従業員の高齢化を見据え平成20年から健康支援センター「ウェルポ」を設立し、人間ドックレベルの健康診断を行いメタボリックシンドロームや高血圧、糖尿病などの生活習慣病の早期発見と対応、回復に主眼を置いた対策を強化してきましたが、さらに休務者を減らすという観点から、平成27年以降、予防活動に軸足を置き健康増進の取組みを強化してきました。

　高齢化を見据えた予防活動としては、60歳以降もいきいき元気に働くためのベースとなる体力の維持・向上に加え、心身の健康を増進することが大切であり、そのためには高齢になってからではなく、若年・壮年期から意識を変えて取り組んでもらうことが必要です。

　そこで弊社では、健康増進活動の更なる強化を図るため、従業員の体力の維持・向上のための「いきいき健康プログラム」と、休務につながる心身の疾患を予防するための「健康チャレンジ8」をスタートさせました。

　それでは、次頁よりこれまでの取組みを紹介します。

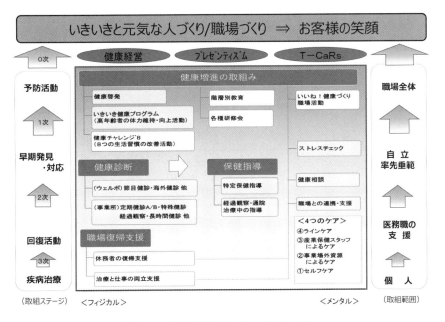

図59　健康施策のフレームワーク

⑷ 健康支援センターウェルポを核とした早期発見・対応の取組み

　平成 20 年、トヨタ自動車とトヨタ健康保険組合の共同事業として、従業員の高齢化に向けた生活習慣病やがんの予防・早期発見を目的に健康支援センター「ウェルポ」を開設しました（**写真 5**）。

　このセンターでは 36 歳から 4 年に一度の節目に、1 日かけてハイレベルな健診と健康に関する学習会を受けてもらい、また後述の「いきいき健康プログラム」もこの節目健診のタイミングで実施しています。ウェルポでは、食生活も含めた生活習慣改善の相乗効果を促すため従業員が夫婦揃って参加することを勧めており、年間約 2 万人が参加しています。

　午前中の健診では、がんの早期発見のための低線量胸部 CT 検査や各種超音波検査に加え、女性を対象とした婦人科検診やマンモグラフィを含む検査を行います。当日の血液検査のデータを昼一番までに揃えることで、午後からは検査結果に基づいた個別結果説明や運動、食事、睡眠等の体験を中心とした学習を受けてもらい、終日ゆっくりと健康の大切さを考える機会としています（**図 60**）。

　なお、上記の対象年齢以外の年には、各事業場で健康診断および各種保健指導を実施しています。

写真 5　健康支援センター「ウェルポ」

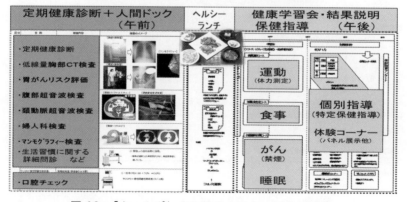

図 60　「ウェルポ」の 1 日のカリキュラムの流れ

健康診断後の保健指導については、健診結果の判定区分を「社内経過観察」、「要病院通院」、「要精密検査」に分け、判定結果に基づく事後措置を行っています。特に社内の保健指導対象については、若年者と非肥満対象者を含む経過観察として、血圧、脂質、糖、尿酸、肝機能のいずれかが継続して基準を超える方を対象にした保健指導を行っており、メタボリックシンドロームとその予備軍の方については、40歳以上の方を対象に特定保健指導を実施しています。

取組みの成果としては、健診による早期発見や生活習慣改善活動等の健康施策により　がんを中心に生活習慣病関連疾病による現役死亡者は平成21年以降減少傾向にあり、生活習慣病による休務件数の減少にもつながっています。

⑸ いきいき健康プログラム

いきいき健康プログラムは、60歳以降の雇用延長等により工場の生産ラインに従事する従業員の高齢化に備えて、高年齢者となってもいきいきとやりがいを持って働ける環境を整えるため、従業員の体力の維持・向上や心身の健康増進を目的に平成27年から取組みを開始しました。

当初は50歳以上の工場で働く従業員を対象に実施していたが、平成28年からは、オフィスで働く従業員を含む36歳以上の全従業員に対象を拡大し、より若い年代から意識づけを図ることにしました。

このプログラムは、「体力みえる化（体力測定）」、「運動指導会」、「自助努力支援」の3つの内容で構成されており、場所は健康支援センター「ウェルポ」と各事業場の健康管理室等で実施しています。（図61）

ウェルポでは、節目健診を受診する36歳から1回／4年（36、40、44、48、52、56、60歳）の全従業員を対象とし、さらに各工場で働く従業員は50、54、58歳の年にも実施しています。また、50歳となった従業員に対しては、定年となる60歳以降に向け自身の

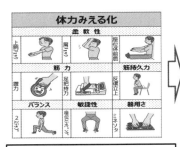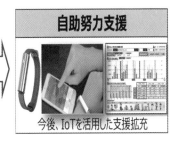

図61　いきいき健康プログラムの概要

働き方を考える「いきいきセミナー」を行っており、定年以降も勤務継続を希望される方に体力づくりを意識してもらうきっかけにしています。

ア　体力見える化（体力測定）

主に自身の身体と体力への気づきを目的としており、原則就業時間内に、下記の合計9種目を測定しています。

---

①上腕チェック（柔軟性）、②肩チェック（柔軟性）、③座位体前屈（柔軟性）、④握力（筋力）、⑤足把持力（筋力）、⑥2ステップ（バランス力）、⑦反復立上り（筋持久力）、⑧座位ステッピング（敏捷性）、⑨ミネソタ（手先の器用さ）

測定後は、各種目の結果と総合点数をそれぞれ1〜3の3段階で評価し、経年変化や同世代との比較も含めた体力評価シートで結果をフィードバックしています。

イ　運動指導会

体力測定結果に関係なく全員を対象に、社内の運動トレーナーが体力維持・向上に向けたトレーニングや身体のメンテナンスの方法について実技を交えながら指導（1回30分〜1時間、数人〜30人）を行っています。特に加齢による腰痛や肩こりに効果的なストレッチの方法等も説明を行ない、身体をしっかりとリカバリーすることが不定愁訴を改善し、健康や体力の維持に重要であることの気づきも促しています。

ウ　自助努力支援

従業員の日々の運動による体力づくりを支援するため、測定を行った対象者に歩数と中強度の運動時間を記録できる活動量計を貸し出しており、必要に応じて、活動量計の結果に基づく健康づくりのアドバイスを運動トレーナーから実施しています。

体力と「いきいきと働くこと」との関係を調査するため、体力見える化に参加した993人を対象にアンケート調査を実施すると、体力が高い群では、強い肉体・精神的疲労を感じる割合が低いことや現在の業務に生きがいややりがいを感じている人の割合が高いことから、体力を維持・向上させることが「いきいきと働く」従業員を増やすことにつながることがわかりました。

また、体力が高い群では、生活習慣病に関わる腹囲・中性脂肪・HDL-C・血糖・血圧の異常項目数が少ないことや、就業制限者の割合が低いこともわかり、体力を維持・向上させることが生活習慣病の予防や就業上の制限付与者の低減につながることも検証できました。特に、高年齢者では日常的に運動に取り組む層が増加し、肩こり、腰痛、倦怠感など不定愁訴が改善したという方が多くいました。

体力と健康、業務へのやりがいとの関連性から、充実した職業人生を送るためには体力づくりへの投資・実践が非常に重要であることがわかりました。

⑹ 健康チャレンジ8

　休務につながる心身の疾患を予防するための健康増進施策の強化にあたり『ブレスローの７つの健康習慣』など先行研究を参考に、社内データを分析。分析結果をもとに心身の健康や休務と関連のあった「適正体重、朝食、飲酒、間食、禁煙、運動、睡眠、ストレス」という８つの生活習慣に着目し、平成29年から１つでも多く健康習慣の実践数を増やしていく活動「健康チャレンジ8」を開始しました。

　実践数の目標は、心身の疾患に過去８年間かからなかった従業員の実践数の平均値6.5に設定し、従業員本人だけでなく職場と一体となった健康づくり活動を促進しながら行っています。

ア　個人と職場への結果のフィードバック

　　８つの健康習慣の実践状況については、一人ひとりに関心をもってもらうため、定期健診時の結果に合わせて各個人へフィードバックし意識づけを図っています。

　　また、職場に対しては、毎年２回、部署単位の「８つの健康習慣」状況を集計して各部の部長宛てに提供。職場の結果表には、全社の中での位置づけや各項目の強み・弱み、40歳以上・未満ごとの実施状況等、今後の健康づくりに活かしてもらうための工夫を織り込んでフィードバックを行っています（**図62**）。

　　各部署の健康習慣改善は、部長を中心に職場で自主的に取組みを進める活動も積極的に行っており、下記イ以降の活動を通じて職場活動を支援しています。

イ　産業保健スタッフによる健康出前講話（職場支援活動）

　　職場／現場に近い産業保健スタッフが８つの健康習慣に関する健康講話を職場に出向いて支援を行っています。事業場内の各職場からは、先に述べた「職場結果」をふまえ、特に実践率が低い習慣について「出前講話」の依頼が徐々に増え始めています。事務系の職場では職場の判断に基づいて就業時間内での開催としているところが多く、現業系

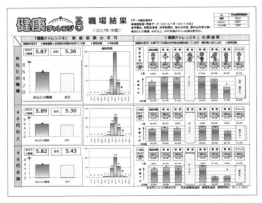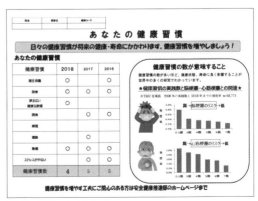

図62　個人および職場への結果のフィードバック帳票

の職場では生産ライン従事者も参加できるよう、交代勤務の切替えの時間帯である直間（1直：昼勤・2直：夜勤）に開催するなどの工夫を行っています。

　　また、職場からの依頼に対応するのみではなく、事業所や各部署で月に1回開催される安全衛生委員会においても実施するなど、8つの健康習慣の実践数向上に向けて工夫を凝らした活動をしています。

ウ　IoT を活用した運動習慣改善活動

　　運動習慣率の向上に向け「健康スマホアプリ」を活用したキャンペーン（秋・春や定期健診1カ月前の期間等）を開催して、歩数等の活動量の見える化とアプリ内で各自が「健康チャレンジ宣言」を入力し、実践状況を登録してもらうことで行動変容を促す取組みを行っています。

　　また、活動量は個人・部署対抗でランキングされるほか、歩数や「健康チャレンジ宣言」の実践状況に応じて健保組合からインセンティブを提供することで運動習慣の定着につなげています（**図 63**）。

エ　社員食堂と連携した食育活動

　　社員食堂で「スマートミール」の認定を受け、各メニューへの栄養バランスやカロリーの表示とともに、生活習慣病予防につながるカロリー低食（599kcal 以下）、野菜たっぷり、減塩メニュー等、各種ヘルシーメニューの提供を行っています。

　　また、社員食堂で提供するメニューの栄養素・カロリー・塩分量等のデータを活用し、期間毎の栄養摂取状況の目安値や現状を各自のパソコンで確認することができる「ミールチェックシステム」を導入し、食習慣改善のきっかけづくりにつなげています。

オ　ソフト・ハード両面における禁煙活動

　　禁煙化への取組みは、ソフト・ハードの両面から活動を進めており、ソフト面では、各個人に禁煙宣言をしてもらい、ニコチンパッチ等で支援する禁煙チャレンジ活動や職場に出向いた禁煙講話等を実施。

図 63　健康スマホアプリ

　一方、ハード面では、平成17年から分煙化や社内タバコ販売を止め、平成21年から段階的に屋内喫煙所を減らし、令和元年末に建屋内禁煙としました。

　あわせて、喫煙する方へ地道な禁煙指導を実施し、禁煙宣言から禁煙外来等、治療へ導く取組みも行い、令和7（2025）年からの敷地内禁煙に向けて着々と取り組んでいます。

　これまでの取組みの結果、全従業員の実践数平均値は今年の目標値6.30に対し6.27（当初6.09）と近づきつつあります。中身について見てみると運動・朝食・喫煙については実践率が向上し、特に若年者に比べ高年齢者ほど一度変容した健康習慣の定着率が高い結果となっており、活動の成果につながっています。

　一方で、若年層に対しては健康習慣を改善するだけではなく、今実践できている習慣を減らさないアプローチも重要であり、悪化する前の取組みを進めています。

⑺ まとめ

　高年齢者になってもいきいきと元気に働くためには「体力」や「健康」が重要な要素であるため、高年齢になってからではなく、若年・壮年期からの継続的な健康づくり・体力づくりへの取組みが必要です。そのためには、従業員だけでなく職場を巻き込んだ予防的なアプローチが有効で、今後も取組みを継続していきます。

　その一方で、高年齢者は体力も含め健康状態の個人差も大きいという特徴もあるため、各個人の健康状態やニーズに合った一人ひとりに寄り添った健康支援を行い、個人の意識・行動に働きかけることが鍵であると考えています。

　令和3年の高年齢者雇用安定法の改正を受け、今後さらに高年齢者の雇用拡大が進むなか、高年齢者の安全健康対策の重要性は益々高まると考えているため、今後も社内関係部署（人事・生産・安全健康機能）と連携を図りながら活動を進めていきます。

2　JFE スチール株式会社 西日本製鉄所における「安全体力®」の取り組み

JFE スチール株式会社　西日本製鉄所（倉敷地区）
安全健康室　ヘルスサポートセンター主任部員（係長）
乍　智之

(1) 自社・事業所の概要

ア　設立と拠点

　JFE スチール株式会社は平成 15 年 4 月に川崎製鉄と日本鋼管が経営統合して誕生した鉄鋼メーカーで、従業員は 44,975 人（平成 31 年 3 月末現在）です。今回取組みを紹介する西日本製鉄所倉敷地区（以下、当事業所）は、敷地面積約 1,089 万 m²（東京ドームの約 230 倍）で、従業員数は 4,239 人です。

　従業員の健康管理は平成 15 年の統合と同時に当事業所内に設置されたヘルスサポートセンター（以下 HSC）で実施しています。統合当時のスタッフは産業医以下 10 人で、体力低下対策を行う Conditioning Staff（以下 CS）はアスレティックトレーナー（JSPO-AT）1 人でした。現在は 17 人体制で、CS は令和 2 年 7 月からアスレティックトレーナー、理学療法士、柔道整復師の 3 人体制です。

(2) 課題となっていた事項

ア　従業員の高齢化問題

　平成 15 年統合時の当事業所の従業員数は 5,635 人で 40 歳以上が 78.6%（平均年齢 46.5 歳）と高齢化していました。また、平成 18 年から雇用延長制度を導入予定であったことから、高齢化の加速が見込まれており、健康や体力機能低下に関わる問題が増加すると懸念されていました。

イ　私傷病（休業 4 日以上）における筋骨格系疾患による休業問題

　統合時の休業原因の最多は腰痛を中心とした筋骨格系疾患でした。統合前を含めると、筋骨格系疾患の休業件数率は平成 11 年から 6 年間、休業日数率は 5 年にわたって最多の状態が続いていました。統合時の筋骨格系疾患の割合を一般社団法人日本鉄鋼連盟（鉄連）の私傷病休業統計と比較してみても、休業件数では 1.4 倍（当事業所 22.0%、鉄連 15.3%）、休業日数では 1.9 倍（当事業所 22.3%、鉄連 11.8%）も上回っていました。

ウ　中高年齢労働者の転倒災害問題

　平成 11 年から統合時までの 5 年間に発生した転倒災害の約半分が 40 歳以上で占め

られていました。そのようななか、63 歳の高年齢従業員がバランスを崩して水路に転落するという重大災害が発生してしまいました。

エ　筋骨格系疾患や転倒災害に対する対策の問題

　重筋作業などの筋骨格系疾患対策としては、取扱い重量の規定や運搬方法の改善などを行っています。また、転倒災害対策としては、段差の解消や手すり、柵、照明などが設置されました。しかし、筋骨格系疾患の休業者や転倒災害被災者の体力機能や歩行能力などの問題への視点はなく、具体的対策を示すまでには至っていませんでした。

⑶ 課題に対する取り組み計画

ア　「安全体力®」

　当社の安全衛生方針である「安全は全てに優先する」の「安全」という重要なワードと「体力」を結び付け、平成 16 年に安全で健康に働くために必要な体力を「安全体力®」という名称にしました。そして同年、「安全体力®」をチェックするための測定ツールの開発に着手しました。

イ　基本計画

　高齢になっても安全で健康に働くためには一定の体力が必要です。そのため、当事業所および従業員の双方が「安全体力®」を把握し、体力チェックや改善を行う体制が必要と考えました。まずは体力面から安全対策を行っている企業を調査しましたが、見つけ出すことができませんでした。そこで、高年齢者の体力や転倒予防に関わる研究やスポーツ現場でのケガの予防方法などからヒントを得て、平成 16 年から「安全体力®」に関わる具体的取り組みについて検討しました。当事業所にとって新しい試みでしたが、図 64 のように「安全体力®」の把握・維持・改善の 3 つの取組みがひとつになってこ

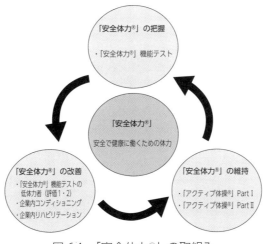

図 64　「安全体力®」の取組み

その効果があると考え、主要な取組みを同時にスタートさせました。取組みの開始にあたっては、労働組合や役員が参加する安全衛生委員会での承認を得てスタートさせ、取組みの効果を毎年検証しながら改善を加えるなどして現在も進めています。

ウ　「安全体力®」の把握

健康状態を定期的に把握する健康診断と同様に、「安全体力®」の状態を把握するツールの開発を検討しました。開発にあたっては、①筋骨格系疾患や転倒災害と関連している、②健康診断時に実施できること、③その場で結果を示せること、④「安全体力®」の状態が本人の気づきにつながること、⑤信頼性（精度、再現性）、現実性（予算、時間、機器、技術、繰り返し、人数）、妥当性（構成、予測性）を考慮しました。

エ　「安全体力®」の改善

「安全体力®」が一定水準を下回っていた場合、または著しく低下している場合は改善、向上が重要で、かつ即時性が求められます。そこで、HSCに従業員が来室する方法と健診時に行う方法を検討しました。

(a)　HSC内

①　筋骨格系疾患の慢性化や再発を防ぐための運動指導・相談を行う。

②　長期休業から復帰の場合など、産業医の指示により、医療機関や保健師、所属や人事などと連携して早期職場復帰のための運動指導を行う。

(b)　健診時

①　結果が一定水準を下回っていた場合はその場で運動指導を行う。

②　問診時に筋骨格系疾患の不調を訴える従業員については問診後に指導する。

オ　「安全体力®」の維持

「安全体力®」の水準を一定以上に保つためには、若いときから日々継続して取り組む必要があります。しかし、業務終了後に個人で行うのは難しいため、一日の大部分を占める職場でラジオ体操のように運動を実施する体制をつくることが継続的に運動を行う最も確実な方法です。この考えから「安全体力®」の維持に役立つツールとして、筋骨格系疾患と転倒災害対策の2つの職場体操の開発を検討しました。

①　筋骨格系疾患対策用：主な作業を調査し作業姿勢などによる体への負担を予測し、中腰作業の負担や猫背などを改善するストレッチや運動を検討した。

②　転倒予防対策用：転倒につながる姿勢や体力機能の改善のためのストレッチや運動を検討するとともに、「安全体力®」の評価の改善が図れるか検証した上で進めることにした。

⑷ 具体的な取り組み

ア　「安全体力®」の把握：「安全体力®」機能テストの開発

　「安全体力®」を把握するための「安全体力®」機能テストは**図65**のように４つのリスクを８種類のテストでチェックします。転倒リスクテストは「片足立ち上り」、「５m平均台歩行」、「２ステップ」の３項目ですが、当事業所ではＡ３判の画板にペットボトルを乗せて行っています（２ステップテストは画板のみ）。これは物を持って移動することが多いため、①上肢の使用を制限する、②上体をまっすぐに保たせる、③足元の視野を見にくくする、④複数の注意を必要としながら行う、などの日頃の移動状態に近づくように考慮しています。特に片足立ち上りと２ステップは、上体を傾けたりする誤った動作（代償運動）で行うと正しい評価ができないため重要です。「安全体力®」機能テストの基準と評価の方法は、岡山県立大学（辻研究室※）との共同研究として測定と分析を繰り返しながら平成16年から３年間実施し、評価の精度を高めていきました。その後も定期的に分析を行っています。さらに５段階評価の概念を評価５、４は「安全域」、評価３は「維持域」、評価２は「要注意域」、評価１は「危険域」と定めたことにより、従業員が自分の「安全体力®」の状態を把握することができ、かつ、評価２以下の低体力者には自覚を促し、改善への意欲につなげることができます。

　当事業所で発生した転倒災害の被災者と非被災者の転倒リスクテスト３項目の評価を比較してみると３項目とも被災者の方が評価２以下（低体力者）である割合が多いことが明らかになっています（**図66**）。

　また、平成26年に40歳以上の健診対象者1,703人に転倒の有無についてアンケート調査した結果、転倒経験者（159人）の方が非経験者より転倒リスクテスト３項目の低体力者の割合が多い結果となりました。

※注　辻博明（現在岡山県立大学名誉教授、高知リハビリテーション専門職大学校教授）

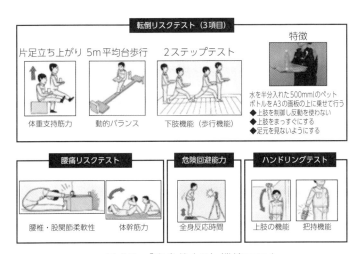

図65　「安全体力®」機能テスト

イ　「安全体力®」の改善

(a)　HSC 内で行う改善の取り組み

① 企業内コンディショニング

　　「安全体力®」の低下の原因となる習慣的動作や不良姿勢の改善、筋骨格系疾患対策として予約制で相談・指導を行う体制を構築しています。相談者は年間にのべ500 〜 1000 人となっています。

② 企業内リハビリテーション

　　私傷病や労働災害からの職場復帰の際は、十分な配慮と適切な措置が必要です。また、早期職場復帰は本人、所属にとって大きなメリットであり、そのためには早期からのリハビリテーションが重要です。しかし、一般的な医療機関でのリハビリテーションは日常生活復帰が目的であり、また時間や回数などに制限が設けられている場合もあります。そのため職場復帰時に「安全体力®」機能テストを行い、休業前と比較し著しい低下が見られた場合は、産業医の指示のもと医療機関とも連携して作業を見据えたリハビリテーションを実施する体制を構築しました。これまでの対象者 141 人のうち 93.6％に体力低下が見られました。特に転倒リスクテストの評価は傷病の種類にかかわらず低下しています。また、体力低下を本人が自覚していない場合も多く、本取組みで気づきを促すことが、より運動意欲の向上や安全行動につながり、再発予防に役立っています。

(b)　健診時に行う改善の取り組み

① 「安全体力®」機能テストの低体力者（評価２以下）のフォロー（**図 67**）

　　図 67 は「安全体力®」機能テストの５段階評価のイメージとフォローの様子を

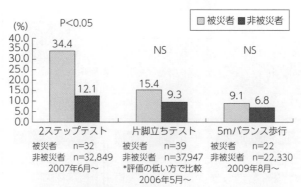

図 66　転倒災害被災者と非被災者の評価２以下の割合の比較

示しています。評価２以下の場合はそのままではリスクが高まるため、測定直後に運動指導を行っています。さらに評価１の対象者については２カ月後に再測定を実施し、改善状況を確認しています。再測定でも不合格の場合は産業医面談を実施し、就業措置の要否の判断を行っています。また、運動プログラムはテスト項目ごとにレベル１〜レベル３まで作成しており、「安全体力®」機能テストの結果や運動する環境に合わせて選択できるようにしています。

②　問診による筋骨格系疾患対策

　　問診で筋骨格系疾患の相談があった場合、その情報を「安全体力®」機能テストの実施に役立てるとともにテスト実施後に運動指導を行っています。

ウ　「安全体力®」の維持

　　「安全体力®」を一定の水準に維持するため、毎日行う約５分間の２つの職場体操を開発しました。

(a)　筋骨格系疾患対策：「アクティブ体操®」part Ⅰ

　　平成 16 年に開始した腰痛などの筋骨格系疾患対策用の体操です（10 種目約５分）。種目は作業により負担になりやすい部位の調査や企業内コンディショニングで効果の認められたものを選定し、職場で実施しやすいように改善を加えています。本体操はスカートでも実施でき、その日の作業負荷や体調に合わせて自分のペースで出来るよう回数は指定していないのが特徴です。

　　弊社 YouTube アカウント：https://m.youtube.com/watch?v=KPxt7vyQ6Zo

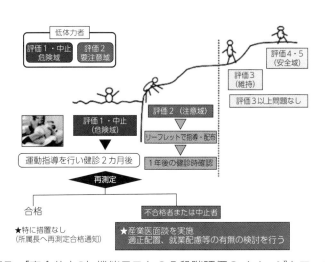

図 67　「安全体力®」機能テストの５段階評価のイメージとフォロー

(b)　転倒予防対策：「アクティブ体操®」part Ⅱ

　平成 21 年に開始した転倒予防対策用の体操です（10 種目約 5 分）。種目は中高年齢者に多い「背中が丸く骨盤が後傾し、股関節が開かず足首が固い」など転倒しやすい姿勢や体力機能の改善を目的とした運動で構成しています。本体操により、転倒リスクテストの 3 項目が改善することを 3 職場で検証しています。別途、女性社員のスカート服用の体操も考案しています。

　弊社 YouTube アカウント：ttps://m.youtube.com/watch?v=LEr6r1Mxgu8

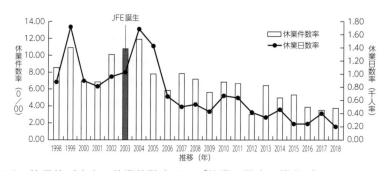

図 68　筋骨格系疾患の休業件数率および休業日数率の推移（1998 〜 2018）

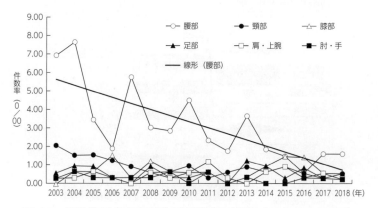

図 69　筋骨格系疾患の部位別件数率の推移（2003 〜 2018）

⑸ 取組みの成果

ア　筋骨格系疾患による休業の削減効果

⒜　筋骨格系疾患の休業件数率と日数率の推移（図 68）

　図 68 は筋骨格系疾患の休業件数率と日数率の推移です。データの残っている平成
10（1998）年からの推移を見ると、平成 16（2004）年を境に減少傾向となっています。また、休業日数を弊社の工数管理により損失金額を計算し換算してみると統合後ピークの平成 16（2004）年の損失金額は 2,575 万円でしたが、以降減少傾向が見られ平成 30（2018）年には 445 万円まで減少しており、長期の入院やリハビリを要するケースも少なくなっています。

　筋骨格系疾患の予防や対策として、統合以降昼休みの運動等も含め、のべ 5,000 ～ 7,000 人 / 年が HSC を利用しています。これらの取組みに加え、全身の筋肉や関節にアプローチする 2 つの体操の実施により、休業に至るような疾患の減少に貢献していると考えています。

⒝　筋骨格系疾患の部位別の発生件数率（図 69）

　図 69 は筋骨格系疾患の部位別の発生件数の推移を示しています。経営統合の頃に突出していた腰部の発生件数率は近年、他部位と同等レベルまで減少してきました。同じ作業をしても腰痛を発症する人と発症に至らない人も存在します。腰痛を作業環境等だけの原因にせずに、柔軟性や体の使い方など自らの体力機能にも目を向け改善を実施してきたことにより、減少につながってきたと考えています。

イ　50 歳以上の転倒災害発生件数（図 70）

　図 70 は災害報告体制が変更された平成 18（2006）年から当事業所で発生した 50 歳以上の転倒災害件数の推移です。本取組みは協力会社やグループ会社すべてで実施していることもあり、発生件数は減少傾向にあります。

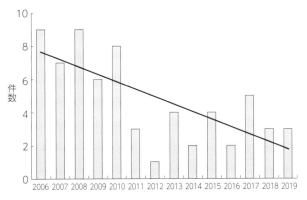

図 70　当事業所における 50 歳以上の転倒災害の推移（2006 ～ 2019）

⑹ **まとめ**

　健康で安全に働くための体力、すなわち「安全体力®」は業種によって異なりますが、計画的な取り組みによって必要なレベルを維持することができます。

　当事業所では、筋骨格系疾患や労働災害発生リスクのスクリーニングテストである「安全体力®」機能テストが大きな役割をしています。測定項目も、例えば、40㎝の台から片足で立てなかった、5㎝の高さの平均台から落下した、といった具合に、簡単かつ従業員自身が自覚できるもので構成しています。この点が非常に重要で、自分で体力低下に気づくことにより、安全な行動と改善への意欲へつながりやすいと感じています。

　当事業所からスタートした取組みは、安全の視点から全社で展開しています。一方で、体力の捉え方は個人差があるため、従業員から理解を得られるには一定の期間が必要です。そのためには安全対策、健康経営などの企業方針に沿って施策を進めていくこと、また、安全教育や健康診断、健康づくり（ロコモ等）など既存の枠組みのなかに盛り込む方法が定着の秘訣です。

　現場の担当者としては周知活動に終わりはなく、取組みの目的を伝え続けることと、その機会を得る努力が必要です。

3　その他の企業における取組み

⑴ 総合スーパーマーケット A 社（小売業）

　小売業では、ほとんどの企業は、顧客への安全に対する意識は高いものの、従業員への安全意識は低い傾向にあり、小売業全体の労働災害は未だ増加している状況にあります。

　厚生労働省は小売業の労働災害防止を重点課題としてきており、第 12 次労働災害防止計画（平成 25 年度〜平成 29 年度）推進期間の後半、労働局、労働基準監督署の指導等により、労働災害防止活動に精力的に取り組む企業が見受けられるようになりました。

　そのうちの 1 社、総合スーパーマーケット A 社の取組みを好事例として紹介します。

　A 社は精力的な労働災害防止活動により、令和元年の労働災害（不休含む）は平成 30 年と比べ 20％ 以上も減少しました。小売業全体の労働災害が増加傾向にある中での 20％以上の減少は特筆すべきものです。

　その取組みは、高年齢者に限ったものではありませんが、小売業は、50 代、60 代の女性のパート労働者の転倒災害、切創災害、墜落災害等が多発しており、そこでの労働災害防止対策は、高年齢者を主ターゲットとしたものということができます。

ア　企業情報

　A 社の企業情報は、店舗数 154（令和元年 11 月現在）、売上約 3,700 億円（平成 31 年 2 月）、従業員約 23,000 人（令和元年）です。

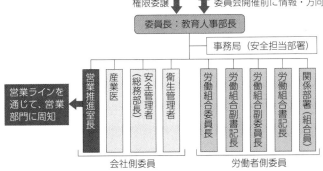

図 71　中央労働安全衛生委員会

（出典：労働安全衛生総合研究所資料より）

イ　本社主導の取組み

　本社に中央労働安全衛生委員会（委員長：教育人事部長）を設置し、そこで各店舗の労働災害発生状況が報告されます。本社に全店舗の労働安全衛生を管理する部署があり、そこが委員会事務局を務めています。

　数年前までは、本委員会へは度数率等、数値データのみの報告でしたが、平成28年度から労働災害発生状況の詳細、労働災害分析結果などを報告し、多発する労働災害の再発防止対策を検討するようになりました。

　さらに平成30年度からは営業推進室長が委員に加わり、本委員会の決定事項が、直接、店舗部門に反映されるようになりました。

ウ　転倒災害の防止

　これまでさまざまな労働災害防止対策が打ち出されていますが、まず、転倒災害の防止について紹介します。

　ほとんどの小売業が靴を会社支給することがないなか、デリカ（総菜）部門では、すべりによる転倒災害を防止するため、耐滑性に優れた靴（防滑靴）を会社支給しています。

　転倒災害は、開店前が最も多く、中でも機械清掃の床ふき残し箇所での転倒災害が多発していたことから、令和元年から清掃業者の協力のもと、ふき残し箇所をモップでふき取る対策を進めています。

写真6　防滑靴

（出典：労働安全衛生総合研究所資料より）

　やっかいな転倒災害は、従業員の小走りによるものでした。店内を小走り禁止にしても、あわてて小走りをして転倒するケースが後を絶ちません。小走りする原因は、顧客を長く待たせてはいけないという気持ちがあるからですが、その気持ちは顧客満足度からみるとプラスに働くもので、これが対策を難しくしています。

　小走り対策としては、令和元年秋から、始業45分前に店内放送で、社長自らが「小走りはダメです」などと注意喚起を行うようになりました。社長の一言は従業員に効果があるようです。

エ　切創災害の防止

　切創災害防止にも力を入れています。

　平成30年10月、切創防止用手袋を会社支給しました。すると、鮮魚部門の令和元年の切創災害は、平成30年と比べ55.6%も減少しました。

　さらに、青果部門においても、野菜カット時、段ボール開封時の切創が多かったため、令和元年、常時着用する耐切創軍手を会社支給しました。

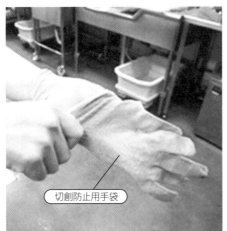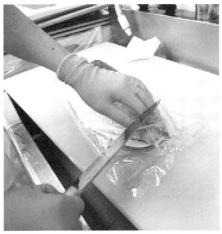

写真7　切創防止用手袋

（出典：労働安全衛生総合研究所資料より）

ほとんどの作業は、脚立ではなく踏台で作業できる

高さ80cm超の脚立は、正しい使い方をルール化

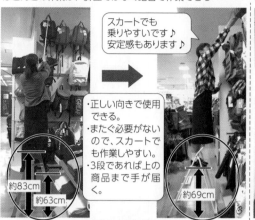

スカートでも
乗りやすいです♪
安定感もあります♪

・正しい向きで使用
できる。
・またぐ必要がないの
で、スカートでも
作業しやすい。
・3段であれば上の
商品まで手が届
く。

約83cm　約63cm

約69cm

（改善前：脚立）　高さ80cm以下　（改善後：踏台）

高さ80cm超

脚立の正しい使い方
1 ヘルメット着用
2 一人作業禁止
3 補助者は側面から
補助
4 正しい向きに設置
（写真）
5 天板に乗らない
6 物を持って昇降禁止

図 72　脚立使用の改善

（出典：労働安全衛生総合研究所資料より）

オ　墜落災害の防止

　墜落災害の防止については、脚立からの墜落防止対策に重点的に取り組み、平成30年、全店舗にある高さ80cm以下の脚立437台を廃止することを決定し、新たに踏台614台を購入しました。一方、高さ80cm超の脚立は、墜落保護用ヘルメット着用など職場ルールを定めました。

カ　令和元年の労働災害は対前年比 20% 減少

　このような精力的な労働災害防止の取組みにより、令和元年の労働災害（不休含む）は、先に述べたとおり、平成30年と比べ20%以上も減少しています。

⑵ 障害者支援施設 B 法人（社会福祉施設）

　ほとんどの社会福祉施設では、日々の安全活動、従業員の安全教育が行われていないなか、このB法人は、ヒヤリ・ハット報告、KYT（危険予知トレーニング）、従業員への安全教育等を実施しており、令和元年の全事業所の労働災害（不休含む）は0であったことから、その取組みを好事例として紹介します。

　ただ、ここでのさまざまな取組みは、総合スーパーマーケットA社同様、高年齢者に限ったものではありませんが、社会福祉施設には数多くの高年齢者が働き、被災もしており、B法人の取組は、高年齢者対策の好事例としてとらえることができます。

ア　法人情報

　　障害者支援施設、福祉サービス事業所、生活支援センター、福祉ホーム等（全8事業所）

イ　本部主導の取組み

　　理事長、施設長、施設の課長、主任、グループ長、労働者側委員で構成される本部安全衛生委員会が、施設の労働災害防止に主導的に取り組んでいます。

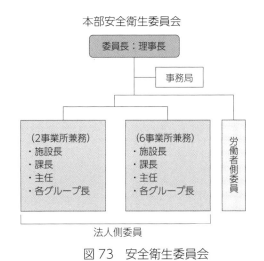

図73　安全衛生委員会

（出典：労働安全衛生総合研究所資料より）

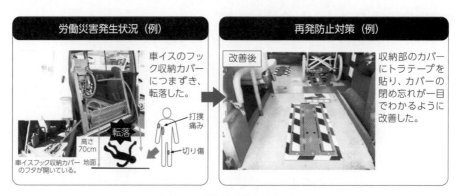

図 74　労働災害発生報告

(出典：労働安全衛生総合研究所資料より)

写真8　KYT テーマ（例）

(出典：労働安全衛生総合研究所資料より)

ウ　労働災害発生時の迅速対応

　労働災害が発生すると、1日以内に本部・全施設に労働災害情報が配信されます。その後、当該グループ長が再発防止対策を盛り込んだ労働災害発生報告を提出します。

エ　5Sパトロール（5S：整理、整頓、清掃、清潔、しつけ）

　年3回、5Sパトロールを実施しています。参加者は、理事長、施設長、課長、各グループ長など。指摘事項は写真を貼付して記録し、翌月開催の安全衛生委員会で報告されます。

オ　ヒヤリハット報告

　ヒヤリハットが発生したら「ヒヤリハット報告」を作成し、上司に報告します。

カ　KYT（危険予知トレーニング）

　各グループ長は、KYT テーマ（作業）を定め、メンバー全員で危険予知トレーニングを実施しています。

キ　従業員への安全教育

　各グループは、グループ長が講師となり、月 1 〜 2 回、16 時 30 分以降に 10 〜 30 分の時間をとり安全教育を行っています。KYT、ヒヤリハット報告もここで行われています。

　グループ長は、本部安全衛生委員会への参加、専門的な安全研修の受講などにより、講師に必要な知識等を習得しています。グループ長が、安全教育の講師を務めることは、課長昇格の要件に位置づけられています。

NO	評価	危険要因とそれに起因する現象を想定して（〜して〜になる）というように書く。
1	◎	くつのゴムが傷んでいて、気づかずゴムが段差に引っかかり、転倒しケガをする。
2	◎	グレーチングの段差につまずき、転倒しねんざをする。
3	◎	すり足で歩いていたので、引っかかって転倒する。
4		
5		
6		

☆第3ラウンド（あなたならどうする） ・重要危険を解決する対策を立てる			☆第4ラウンド（私たちはこうする） ・チーム目標を決める		
◎印 NO	重要危険	具体策	重点実施項目に＊印を付け、それを実践するためのチーム行動目標をスローガン的に設定する。		
			評価	チーム行動目標	ワンポイント指差呼称
1	くつのゴムが傷んでいて気がつかず転倒する	1　くつを新しいものに替える	＊	自分の靴は自分で点検	くつヨシ！
		2			
		3			
2	グレーチングの段差につまずき転倒する	1　帰りに床の危険個所の点検	＊	油断禁物	床ヨシ！
		2			
		3			

活動リーダー「コメント」

自分の持ち物（内・外用靴）は定期的に点検し、不良な物は交換する。
床は作業後、作業前に点検する。

図 75　KYT シート（例）

（出典：労働安全衛生総合研究所資料より）

トピックス：建設業（大手ハウスメーカー）の高年齢者のヒヤリハット事例

　大手ハウスメーカー数社により作成した建設現場で働く高年齢者の安全確保策を紹介します。

　これは、戸建住宅等低層住宅建築工事における高年齢者の労働災害を防止するため、主要な作業それぞれについて、作業で多発する労働災害につながる高年齢者ヒヤリハット事例を選定し、その原因となる高年齢者の心身機能の低下を踏まえた効果的な安全確保策を打ち出しています。これは他産業の参考にもなり、好事例として以下に紹介します。

作業別にみた安全確保のポイント

⑴　基礎工事関連作業

【事例1】

　基礎の内部を移動中、先行配管に足を取られ、むき出しのアンカーボルトに顔から突っ込みそうになる。

【安全確保のポイント】

・高年齢者は筋力の低下により足のあがりが小さくつまずきやすく、配管上に足場板を敷き通路を設ける。それが難しい場合は、そこに段差があることを目立つように色を付け、明示する。

・つまずいてもアンカーボルトが刺さらないように、先端には養生キャップを取り付ける。

【事例2】

　ドラグショベルの作業半径内に作業者が入りそうになったため、オペレーターが声をかけ注意を促すが、エンジン音のため作業者には聞こえておらず、あやうくバケットに激突されそうになる。

【安全確保のポイント】

・エンジン音など騒音があるところでは、高年齢者は声をかけられてもうまく聞き取れないことがある。このため、ドラグショベルのオ

　ペレーターは、エンジンを止めてから注意を促す。

・ドラグショベルの作業半径内立入禁止措置を講じる。

⑵　足場組立作業

【事例3】

　足場組立作業で、足場材を手に持って運搬中、足場材の重さでふらつきバランスを崩し、墜落しそうになる。

【安全確保のポイント】

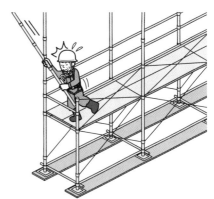

・バランス感覚が低下している高年齢者は、資材を抱えての移動はふらつきやすくなる。墜落防止対策は、親綱を張り、そこに墜落制止用器具のフックをかける。

・筋力が低下している高年齢者は、あまり重い物は運ばないようにする。足場材を束ね、かさばるときは、無理せず2人で運ぶ。

【事例4】

　足場組立作業中、ハンマーを落としそうになる。

【安全確保のポイント】

・握力が低下している高年齢者のため、ハンマーなどの工具は、紐などで身体と結び、手から離れても落下しないようにする。

⑶　建方工事

【事例5】

　梁の上を移動中、バランスを崩し墜落しそうになる。

【安全確保のポイント】

・墜落防止用ネットを張った後に上階の作業を行う。

・梁上で作業する時はすでに開口部が塞がっている先行床工法を採用する。

・親綱を張り墜落制止用器具のフックをそこに掛けて梁上を移動する。

⑷　屋根工事

【事例6】

　屋根作業をしていて落ちそうになる。

【安全確保のポイント】

・筋力やバランス感覚等の低下している高年齢者は、足元が傾斜している屋根上の作業は、墜落リスクが高くなる。このため、屋根の外周に手すり等の墜落防止対策を講じ、親綱を張り墜落制止用器具のフックをそこに掛け作業する、耐滑性に優れた靴（防滑靴）を着用するなどの対策を行う。

⑸　外壁工事

【事例7】

　一人で重量のあるサイディングを高所の作業床の上で搬送中、重さに耐えかねてふらつき、材料を階下へ落としそうになる。

【安全確保のポイント】

・１人で持つことのできる重量（例：20kg）を定め、それ以上の重量物を運搬するときは２人以上で行う。

・作業床上に物を置かない。人力運搬前に作業床に物が置かれていないか確認する。

【事例8】

　足場からモルタルの入ったバケツを引き上げ中、握力の低下からロープが手の中で滑って、材料を落としそうになる。

【安全確保のポイント】

・重量物を階上へ持ち上げるときは、荷揚げ機等の運搬機を使用する。

⑹　内装工事

【事例 9 】

　脚立上で、天井石膏ボードを貼ろうとしたところ、バランスをくずし墜落しそうになる。

【安全確保のポイント】

・脚立の昇り降り作業が多くなるため、長時間の連続作業は、足が疲れ、踏ん張りが効かなくなるおそれがあるので、適時に休憩を取るようにする。

・脚立は、踏みさんの上に乗ると、踏みさんが足の幅より狭いことにより身体が揺れるため、バランス感覚の低下している高年齢者には不向きである。また、脚立の昇り降りによる疲労を軽減させる必要もあり、作業範囲の広い可搬式作業台（手掛かり棒、感知ベルト付き等）等を使用する。

⑺　設備工事

【事例10】

　給湯器の貯湯ユニットを持って、狭い敷地内を二人で移動している際、つまずいて、ユニットを自分の足の上に落としそうになる。

【安全確保のポイント】

・狭いエリアでの運搬は、無理な姿勢をとりやすく、柔軟性が低下した高年齢者の負担は大きい。それに加え、重量物を運搬するため、筋力が低下している高年齢者には大きな負担がのしかかる。このため、搬入経路を十分に確保し、運搬台車を使用する。

【事例11】

　配線用穴あけ作業で、暗くてよく見えなかったため、穴が貫通した際、力が入り過ぎて、前のめりに墜落しそうになる。

【安全確保のポイント】

・暗い場所では視力が著しく低下（低照度下視力）

企業における好事例　第4章

する高年齢者が支障なく作業を進めるためには、照明を確保しなければならない。

⑻　電動工具取扱い

【事例 12】

電動丸ノコで木材を切断中、上下にばたついた木材を抑えようとしたが、握力が弱いため、うまく抑えられずに指が巻き込まれそうになる。

【安全確保のポイント】

・握力が低下している高年齢者が電動丸ノコを使った作業を行う場合、電動丸ノコの反発による切創リスクは大きくなる。作業の基本に忠実に、安定した作業台の上で作業を行う。

・古くなったノコ刃は切れ味が悪く材料のばたつきの原因となるため、切れ味のよい新しいノコ刃に交換する。

【事例 13】

基礎の天端をグラインダーで整えている際、同じ姿勢を続けて腰が固まり、グラインダーに体が触れそうになる。

【安全確保のポイント】

・柔軟性が低下し、関節が固くなっている高年齢者は、中腰などの無理な姿勢で長時間作業をさせない。

・握力が低下している高年齢者にはグラインダーを両手で持てるよう、ハンドルを設ける。

・その他、作動音が大きくなるため、聴覚障害にならないよう耳栓を装着する。

【事例 14】

手元が暗く見にくいなか、不安定な姿勢で差し金を使用し、石膏ボードをカッターで切っていたところ、手を切りそうになる。

【安全確保のポイント】

・暗い場所では視力が著しく低下（低照度下視力）する高年齢者には照度の確保が重要である。

・柔軟性や握力が低下している高年齢者には、無理な姿勢、不安定な姿勢をなくす。

・刃が逸脱しにくいよう差し金に替えボードカット用ガイドを使用する。

・錆びて切れ味の落ちたカッターは、余計な力が入るため使用を控える。

⑼　クレーン作業

【事例 15】

　人力運搬作業に集中しているため、つり荷が近づいても気づかず、仲間が声を掛けるが、それも耳に入らず、つり荷と接触しそうになる。

【安全確保のポイント】

・視野が狭くなった高年齢者は、つり荷が近づいても、気づかないことがあり、オペレーターは、気づくだろうという"だろう運転"は禁物である。

・聴力が衰え、つり荷の接近に仲間から声を掛けられても気づかないことがある。このため、クレーンの作業半径内に立ち入らないよう周囲を A 型バリケードで囲い、監視員を配置する。

⑽　解体工事

【事例 16】

　袋詰めされた産業廃棄物を収集車に積み込んでいる際、中腰で持ち上げたため、腰を痛めそうになる。

【安全確保のポイント】

・体力が低下した高年齢者は 1 人で重量物を持ち上げない、運搬しない。

・解体作業は乱雑になりやすいので、常に足元の整理整頓を心がける。

第5章

参考資料

【参考資料１】

定年退職制度の変遷

　高年齢者の労働に関しては、特に「定年退職制度」との関係においてさまざまな変遷がありました。ここではこの定年に関する大きな流れと高年齢者の雇用に関する法律についてまとめました。

　定年制度は明治後期から大正時代にかけて普及し始めた（すなわちそれ以前には定年はなかった）といわれていますが、その年齢は50歳あるいは55歳でした。そしてこの定年は法律で定められていたわけではなく、就業規則のなかにあり、事業者側からは雇用調整すなわち強制退職の意味があったといわれています。この時代の０歳の平均余命は約45年、40歳では男性は約26年、女性は約29年でした。

　第二次世界大戦後（昭和20（1945）年以降）もしばらくは、定年を55歳とする事業者がほとんどでした。事業者側からの定年の意味は雇用調整でしたが、労働組合側からは雇用の保障という意味があり、定年制は急速に普及したといわれています。1960年代には労働組合からの定年延長に対する要求が強くなり、1970年代には定年延長が社会問題となりました。昭和50（1975）年には再雇用制度など定年延長の代替措置が登場しました。同年の55〜59歳の労働力率（15歳以上人口に占める労働力人口の割合）は男性92.2％、女性48.8％、60〜64歳では男性79.4％、女性38.0％でした。すなわち男性では定年とは関係なく多くの人が60歳以上まで働いていました。ちなみに昭和45（1970）年の０歳の平均余命は男性約70年、女性約75年、40歳では男性約33年、女性約37年になっています。1980年代になると、60歳定年延長への進展、早期退職優遇制度の導入、さらに出向者の増大が見られるようになりました。この流れの中でも定年が法で定められることはありませんでした。

　さて、昭和61（1986）年に高年齢者雇用安定法が改正されましたが、これが定年について具体的な年齢を示す法律となりました。同法において、定年の年齢や雇用の確保のあり方も時代によって変わってきましたが、その変遷は以下のとおりです。

【施行年】

・昭和46年　中高年齢者等の雇用の促進に関する特別措置法
　　　　　　職種ごとに45歳以上の中高年齢者の雇用率が設定された（努力義務）
　　　　　　（定年の具体的な年齢は示されていない）
・昭和51年　55歳以上の高年齢者を従業員数の６％以上雇用する（努力義務）（昭和61年廃止）
・昭和61年　高年齢者等の雇用の安定等に関する法律（高年齢者雇用安定法）と改称
　　　　　　定年を定める場合は60歳を下回らないように努める（努力義務）

- 平成2年　　60歳以上の定年に達した希望者に対し65歳までの再雇用に努める（努力義務）
- 平成10年　定年を定める場合には60歳を下回ることができない（義務）
　　　　　　定年到達後の希望者に対する65歳までの継続雇用に努める（努力義務）
- 平成12年　65歳未満の定年を定める事業主は、定年の引き下げ、継続雇用制度の導入等による65歳までの安定した雇用の確保措置（高年齢者雇用確保措置）を講ずるように努める（努力義務）
- 平成18年　65歳未満の定年を定める事業主は、65歳までの安定した雇用を確保するため次の「高年齢者雇用確保措置」のいずれかを講じなければならない（義務）
　　　　　　①　65歳までの定年引き上げ
　　　　　　②　65歳までの継続雇用制度の導入
　　　　　　③　定年廃止
- 平成25年　継続雇用制度の対象者を労使協定で定める基準で限定できる仕組みの廃止
- 令和3年　　事業主に対して、65歳から70歳までの就業機会を確保するために「高年齢者就業確保措置」として以下の①〜⑤のいずれかの措置を講ずる（努力義務）（令和3年4月1日施行）
　　　　　　努力義務について雇用以外の措置（④及び⑤）による場合には、労働者の過半数を代表する者等の同意を得たうえで導入されるものとする
　　　　　　①　70歳までの定年引上げ
　　　　　　②　70歳までの継続雇用制度の導入
　　　　　　③　定年廃止
　　　　　　④　高年齢者が希望するときは、70歳まで継続的に業務委託契約を締結する制度の導入
　　　　　　⑤　高年齢者が希望するときは、70歳まで継続的に
　　　　　　　　ａ．事業主が自ら実施する社会貢献事業
　　　　　　　　ｂ．事業主が委託、出資（資金提供）等する団体が行う社会貢献事業に従事できる制度の導入

（その他関連法令）

　雇用対策法においても高年齢者の雇用に関係する規定があります。雇用対策法は平成13年に改正され、"募集及び採用における年齢に関わりのない均等な機会の確保"が努力義務となりましたが、平成19年にはさらに改正され、第10条で「事業主は、労働者がその有する能力を有効に発揮するために必要であると認められるときとして厚生労働省令で定めるときは、労働者の募集及び採用について、厚生労働省令で定めるところにより、その年齢に

かかわりなく均等な機会を与えなければならない。」と規定され、年齢制限の禁止が義務化されました。

　また、従来わが国では退職年齢と年金支給開始年齢とのギャップが大きく、制度的にこれを埋める努力がなされてきました。ここでは触れませんが、年金関連法や雇用保険法の改正等も一読することをおすすめします。

【参考資料2】

高年齢労働者の安全と健康確保のためのガイドライン
（エイジフレンドリーガイドライン）

第1　趣旨

　　本ガイドラインは、労働安全衛生関係法令とあいまって、高年齢労働者が安心して安全に働ける職場環境づくりや労働災害の予防的観点からの高年齢労働者の健康づくりを推進するために、高年齢労働者を使用する又は使用しようとする事業者（以下「事業者」という。）及び労働者に取組が求められる事項を具体的に示し、高年齢労働者の労働災害を防止することを目的とする。

　　事業者は、本ガイドラインの「第2　事業者に求められる事項」のうち、各事業場における高年齢労働者の就労状況や業務の内容等の実情に応じて、国のほか、労働災害防止団体、独立行政法人労働者健康安全機構（以下「健安機構」という。）等の関係団体等による支援も活用して、高年齢労働者の労働災害防止対策（以下「高齢者労働災害防止対策」という。）に積極的に取り組むよう努めるものとする。

　　労働者は、事業者が実施する高齢者労働災害防止対策の取組に協力するとともに、自己の健康を守るための努力の重要性を理解し、自らの健康づくりに積極的に取り組むよう努めるものとする。この際、事業者と労働者がそれぞれの役割を理解し、連携して取組を進めることが重要である。

　　また、国、関係団体等は、それぞれの役割を担いつつ必要な連携を図りながら、事業者及び労働者の取組を支援するものとする。

　　なお、請負の形式による契約により業務を行う者についても本ガイドラインを参考にすることが期待される。

第2　事業者に求められる事項

　　事業者は、以下の1から5までに示す事項について、各事業場における高年齢労働者の就労状況や業務の内容等の各事業場の実情に応じて、第4に示す国、関係団体等による支援も活用して、実施可能な高齢者労働災害防止対策に積極的に取り組むことが必要である。なお、事業場における安全衛生管理の基本的体制及び具体的取組の体系について図解すると、別紙のとおりとなる。

1　安全衛生管理体制の確立等
　(1)　経営トップによる方針表明及び体制整備
　　　高齢者労働災害防止対策を組織的かつ継続的に実施するため、次の事項に取り組むこ

と。

ア　経営トップ自らが、高齢者労働災害防止対策に取り組む姿勢を示し、企業全体の安全意識を高めるため、高齢者労働災害防止対策に関する事項を盛り込んだ安全衛生方針を表明すること。

イ　安全衛生方針に基づき、高齢者労働災害防止対策に取り組む組織や担当者を指定する等により、高齢者労働災害防止対策の実施体制を明確化すること。

ウ　高齢者労働災害防止対策について、労働者の意見を聴く機会や、労使で話し合う機会を設けること。

エ　安全委員会、衛生委員会又は安全衛生委員会（以下「安全衛生委員会等」という。）を設けている事業場においては、高齢者労働災害防止対策に関する事項を調査審議すること。

これらの事項を実施するに当たっては、以下の点を考慮すること。

・高齢者労働災害防止対策を担当する組織としては、安全衛生部門が存在する場合、同部門が想定され、業種・事業場規模によっては人事管理部門等が担当することも考えられること。

・高年齢労働者の健康管理については、産業医を中心とした産業保健体制を活用すること。また、保健師等の活用も有効であること。産業医が選任されていない事業場では地域産業保健センター等の外部機関を活用することが有効であること。

・高年齢労働者が、職場で気付いた労働安全衛生に関するリスクや働く上で負担に感じている事項、自身の不調等を相談できるよう、企業内相談窓口を設置することや、高年齢労働者が孤立することなくチームに溶け込んで何でも話せる風通しの良い職場風土づくりが効果的であること。

・働きやすい職場づくりは労働者のモチベーションの向上につながるという認識を共有することが有効であること。

⑵　危険源の特定等のリスクアセスメントの実施

高年齢労働者の身体機能の低下等による労働災害の発生リスクについて、災害事例やヒヤリハット事例から危険源の洗い出しを行い、当該リスクの高さを考慮して高齢者労働災害防止対策の優先順位を検討（以下「リスクアセスメント」という。）すること。

その際、「危険性又は有害性等の調査等に関する指針」（平成18年3月10日危険性又は有害性等の調査等に関する指針公示第1号）に基づく手法で取り組むよう努めるものとすること。

リスクアセスメントの結果を踏まえ、以下の2から5までに示す事項を参考に優先順

位の高いものから取り組む事項を決めること。その際、年間推進計画を策定し、当該計画に沿って取組を実施し、当該計画を一定期間で評価し、必要な改善を行うことが望ましいこと。

　これらの事項を実施するに当たっては、以下の点を考慮すること。
・小売業、飲食店、社会福祉施設等のサービス業等の事業場で、リスクアセスメントが定着していない場合には、同一業種の他の事業場の好事例等を参考に、職場環境改善に関する労働者の意見を聴く仕組みを作り、負担の大きい作業、危険な場所、作業フローの不備等の職場の課題を洗い出し、改善につなげる方法があること。
・高年齢労働者の安全と健康の確保のための職場改善ツールである「エイジアクション100」のチェックリスト（別添1）を活用することも有効であること。
・健康状況や体力が低下することに伴う高年齢労働者の特性や課題を想定し、リスクアセスメントを実施すること。
・高年齢労働者の状況に応じ、フレイルやロコモティブシンドロームについても考慮する必要があること。
　なお、フレイルとは、加齢とともに、筋力や認知機能等の心身の活力が低下し、生活機能障害や要介護状態等の危険性が高くなった状態であり、ロコモティブシンドロームとは、年齢とともに骨や関節、筋肉等運動器の衰えが原因で「立つ」、「歩く」といった機能（移動機能）が低下している状態のことをいうこと。
・サービス業のうち社会福祉施設、飲食店等では、家庭生活と同種の作業を行うため危険を認識しにくいが、作業頻度や作業環境の違いにより家庭生活における作業とは異なるリスクが潜んでいることに留意すること。
・社会福祉施設等で利用者の事故防止に関するヒヤリハット事例の収集に取り組んでいる場合、こうした仕組みを労働災害の防止に活用することが有効であること。
・労働安全衛生マネジメントシステムを導入している事業場においては、労働安全衛生方針の中に、例えば「年齢にかかわらず健康に安心して働ける」等の内容を盛り込んで取り組むこと。

2　職場環境の改善
(1)　身体機能の低下を補う設備・装置の導入（主としてハード面の対策）
　　身体機能が低下した高年齢労働者であっても安全に働き続けることができるよう、事業場の施設、設備、装置等の改善を検討し、必要な対策を講じること。
　　その際、以下に掲げる対策の例を参考に、高年齢労働者の特性やリスクの程度を勘案し、事業場の実情に応じた優先順位をつけて施設、設備、装置等の改善に取り組むこと。

＜共通的な事項＞

・視力や明暗の差への対応力が低下することを前提に、通路を含めた作業場所の照度を確保するとともに、照度が極端に変化する場所や作業の解消を図ること。

・階段には手すりを設け、可能な限り通路の段差を解消すること。

・床や通路の滑りやすい箇所に防滑素材（床材や階段用シート）を採用すること。また、滑りやすい箇所で作業する労働者に防滑靴を利用させること。併せて、滑りの原因となる水分・油分を放置せずに、こまめに清掃すること。

・墜落制止用器具、保護具等の着用を徹底すること。

・やむをえず、段差や滑りやすい箇所等の危険箇所を解消することができない場合には、安全標識等の掲示により注意喚起を行うこと。

＜危険を知らせるための視聴覚に関する対応＞

・警報音等は、年齢によらず聞き取りやすい中低音域の音を採用する、音源の向きを適切に設定する、指向性スピーカーを用いる等の工夫をすること。

・作業場内で定常的に発生する騒音（背景騒音）の低減に努めること。

・有効視野を考慮した警告・注意機器（パトライト等）を採用すること。

＜暑熱な環境への対応＞

・涼しい休憩場所を整備すること。

・保熱しやすい服装は避け、通気性の良い服装を準備すること。

・熱中症の初期症状を把握できるウェアラブルデバイス等の IoT 機器を利用すること。

＜重量物取扱いへの対応＞

・補助機器等の導入により、人力取扱重量を抑制すること。

・不自然な作業姿勢を解消するために、作業台の高さや作業対象物の配置を改善すること。

・身体機能を補助する機器（パワーアシストスーツ等）を導入すること。

＜介護作業等への対応＞

・リフト、スライディングシート等の導入により、抱え上げ作業を抑制すること。

・労働者の腰部負担を軽減するための移乗支援機器等を活用すること。

＜情報機器作業への対応＞

・パソコン等を用いた情報機器作業では、「情報機器作業における労働衛生管理のためのガイドライン」（令和元年7月12日付け基発0712第3号厚生労働省労働基準局長通知）に基づき、照明、画面における文字サイズの調整、必要な眼鏡の使用等によって適切な視環境や作業方法を確保すること。

(2) 高年齢労働者の特性を考慮した作業管理（主としてソフト面の対策）

　敏捷性や持久性、筋力といった体力の低下等の高年齢労働者の特性を考慮して、作業内容等の見直しを検討し、実施すること。

　その際、以下に掲げる対策の例を参考に、高年齢労働者の特性やリスクの程度を勘案し、事業場の実情に応じた優先順位をつけて対策に取り組むこと。

＜共通的な事項＞
・事業場の状況に応じて、勤務形態や勤務時間を工夫することで高年齢労働者が就労しやすくすること（短時間勤務、隔日勤務、交替制勤務等）。
・高年齢労働者の特性を踏まえ、ゆとりのある作業スピード、無理のない作業姿勢等に配慮した作業マニュアルを策定し、又は改定すること。
・注意力や集中力を必要とする作業について作業時間を考慮すること。
・注意力や判断力の低下による災害を避けるため、複数の作業を同時進行させる場合の負担や優先順位の判断を伴うような作業に係る負担を考慮すること。
・腰部に過度の負担がかかる作業に係る作業方法については、重量物の小口化、取扱回数の減少等の改善を図ること。
・身体的な負担の大きな作業では、定期的な休憩の導入や作業休止時間の運用を図ること。

＜暑熱作業への対応＞
・一般に、年齢とともに暑い環境に対処しにくくなることを考慮し、脱水症状を生じさせないよう意識的な水分補給を推奨すること。
・健康診断結果を踏まえた対応はもとより、管理者を通じて始業時の体調確認を行い、体調不良時に速やかに申し出るよう日常的に指導すること。
・熱中症の初期対応が遅れ重篤化につながることがないよう、病院への搬送や救急隊の要請を的確に行う体制を整備すること。

＜情報機器作業への対応＞
・情報機器作業が過度に長時間にわたり行われることのないようにし、作業休止時間を適切に設けること。
・データ入力作業等相当程度拘束性がある作業においては、個々の労働者の特性に配慮した無理のない業務量とすること。

3　高年齢労働者の健康や体力の状況の把握
　(1)　健康状況の把握
　　　労働安全衛生法で定める雇入時及び定期の健康診断を確実に実施すること。

　その他、以下に掲げる例を参考に、高年齢労働者が自らの健康状況を把握できるような取組を実施することが望ましいこと。

＜取組例＞
・労働安全衛生法で定める健康診断の対象にならない者が、地域の健康診断等（特定健康診査等）の受診を希望する場合は、必要な勤務時間の変更や休暇の取得について柔軟な対応をすること。
・労働安全衛生法で定める健康診断の対象にならない者に対して、事業場の実情に応じて、健康診断を実施するよう努めること。
・健康診断の結果について、産業医、保健師等に相談できる環境を整備すること。
・健康診断の結果を高年齢労働者に通知するに当たり、産業保健スタッフから健康診断項目毎の結果の意味を丁寧に説明する等、高年齢労働者が自らの健康状況を理解できるようにすること。
・日常的なかかわりの中で、高年齢労働者の健康状況等に気を配ること。

(2)　体力の状況の把握
　高年齢労働者の労働災害を防止する観点から、事業者、高年齢労働者双方が当該高年齢労働者の体力の状況を客観的に把握し、事業者はその体力に合った作業に従事させるとともに、高年齢労働者が自らの身体機能の維持向上に取り組めるよう、主に高年齢労働者を対象とした体力チェックを継続的に行うことが望ましいこと。
　体力チェックの対象となる労働者から理解が得られるよう、わかりやすく丁寧に体力チェックの目的を説明するとともに、事業場における方針を示し、運用の途中で適宜当該方針を見直すこと。

　具体的な体力チェックの方法として次のようなものが挙げられること。
・労働者の気付きを促すため、加齢による心身の衰えのチェック項目（フレイルチェック）等を導入すること。
・厚生労働省作成の「転倒等リスク評価セルフチェック票」（別添2）等を活用すること。
・事業場の働き方や作業ルールにあわせた体力チェックを実施すること。この場合、安全作業に必要な体力について定量的に測定する手法及び評価基準は安全衛生委員会等の審議を踏まえてルール化することが望ましいこと。

　体力チェックの実施に当たっては、以下の点を考慮すること。
・体力チェックの評価基準を設けない場合は、体力チェックを高年齢労働者の気付きに

つなげるとともに、業務に従事する上で考慮すべきことを検討する際に活用することが考えられること。

・体力チェックの評価基準を設ける場合は、合理的な水準に設定し、職場環境の改善や高年齢労働者の体力の向上に取り組むことが必要であること。

・作業を行う労働者の体力に幅があることを前提とし、安全に行うために必要な体力の水準に満たない労働者がいる場合は、当該労働者の体力でも安全に作業できるよう職場環境の改善に取り組むとともに、当該労働者も作業に必要な体力の維持向上に取り組む必要があること。

・高年齢労働者が病気や怪我による休業から復帰する際、休業前の体力チェックの結果を休業後のものと比較することは、体力の状況等の客観的な把握、体力の維持向上への意欲や作業への注意力の高まりにつながり、有用であること。

(3) 健康や体力の状況に関する情報の取扱い

健康情報等を取り扱う際には、「労働者の心身の状態に関する情報の適正な取扱いのために事業者が講ずべき措置に関する指針」（平成 30 年 9 月 7 日労働者の心身の状態に関する情報の適正な取扱い指針公示第 1 号）を踏まえた対応をしなければならないことに留意すること。

また、労働者の体力の状況の把握に当たっては、個々の労働者に対する不利益な取扱いを防ぐため、労働者自身の同意の取得方法や労働者の体力の状況に関する情報の取扱方法等の事業場内手続について安全衛生委員会等の場を活用して定める必要があること。

例えば、労働者の健康や体力の状況に関する医師等の意見を安全衛生委員会等に報告する場合等に、労働者個人が特定されないよう医師等の意見を集約又は加工する必要があること。

4 高年齢労働者の健康や体力の状況に応じた対応

(1) 個々の高年齢労働者の健康や体力の状況を踏まえた措置

健康や体力の状況を踏まえて必要に応じ就業上の措置を講じること。

脳・心臓疾患が起こる確率は加齢にしたがって徐々に増加するとされており、高年齢労働者については基礎疾患の罹患状況を踏まえ、労働時間の短縮や深夜業の回数の減少、作業の転換等の措置を講じること。

就業上の措置を講じるに当たっては、以下の点を考慮すること。

・健康診断や体力チェック等の結果、当該高年齢労働者の労働時間や作業内容を見直す

必要がある場合は、産業医等の意見を聴いて実施すること。
・業務の軽減等の就業上の措置を実施する場合は、高年齢労働者に状況を確認して、十分な話合いを通じて当該高年齢労働者の了解が得られるよう努めること。また、健康管理部門と人事労務管理部門との連携にも留意すること。

⑵　高年齢労働者の状況に応じた業務の提供

　高齢者に適切な就労の場を提供するため、職場における一定の働き方のルールを構築するよう努めること。

　労働者の健康や体力の状況は高齢になるほど個人差が拡大するとされており、個々の労働者の健康や体力の状況に応じて、安全と健康の点で適合する業務を高年齢労働者とマッチングさせるよう努めること。

　個々の労働者の状況に応じた対応を行う際には、以下の点を考慮すること。
・業種特有の就労環境に起因する労働災害があることや、労働時間の状況や作業内容により、個々の労働者の心身にかかる負荷が異なることに留意すること。
・危険有害業務を伴う労働災害リスクの高い製造業、建設業、運輸業等の労働環境と、第三次産業等の労働環境とでは、必要とされる身体機能等に違いがあることに留意すること。例えば、運輸業等においては、運転適性の確認を重点的に行うこと等が考えられること。
・何らかの疾病を抱えながらも働き続けることを希望する高年齢労働者の治療と仕事の両立を考慮すること。
・複数の労働者で業務を分けあう、いわゆるワークシェアリングを行うことにより、高年齢労働者自身の健康や体力の状況や働き方のニーズに対応することも考えられること。

⑶　心身両面にわたる健康保持増進措置

　「事業場における労働者の健康保持増進のための指針」（昭和 63 年 9 月 1 日健康保持増進のための指針公示第 1 号）に基づき、事業場における健康保持増進対策の推進体制の確立を図る等組織的に労働者の健康づくりに取り組むよう努めること。

　集団及び個々の高年齢労働者を対象として、身体機能の維持向上のための取組を実施することが望ましいこと。

　常時 50 人以上の労働者を使用する事業者は、対象の高年齢労働者に対してストレスチェックを確実に実施するとともに、ストレスチェックの集団分析を通じた職場環境の改善等のメンタルヘルス対策に取り組むこと。

　併せて、「労働者の心の健康の保持増進のための指針」（平成 18 年 3 月 31 日健康保持増進のための指針公示第 3 号）に基づき、メンタルヘルス対策に取り組むよう努めること。

　これらの事項を実施するに当たっては、以下に掲げる対策の例を参考に、リスクの程度を勘案し、事業場の実情に応じた優先順位をつけて取り組むこと。

・健康診断や体力チェックの結果等に基づき、必要に応じて運動指導や栄養指導、保健指導、メンタルヘルスケアを実施すること。
・フレイルやロコモティブシンドロームの予防を意識した健康づくり活動を実施すること。
・身体機能の低下が認められる高年齢労働者については、身体機能の維持向上のための支援を行うことが望ましいこと。例えば、運動する時間や場所への配慮、トレーニング機器の配置等の支援が考えられる。
・保健師や専門的な知識を有するトレーナー等の指導の下で高年齢労働者が身体機能の維持向上に継続的に取り組むことを支援すること。
・労働者の健康管理を経営的視点から考え、戦略的に実践する健康経営の観点から企業が労働者の健康づくり等に取り組むこと。
・保険者と企業が連携して労働者の健康づくりを効果的・効率的に実行するコラボヘルスの観点から職域単位の健康保険組合が健康づくりを実施する場合には、連携・共同して取り組むこと。

5　安全衛生教育
（1）　高年齢労働者に対する教育
　　労働安全衛生法で定める雇入れ時等の安全衛生教育、一定の危険有害業務において必要となる技能講習や特別教育を確実に行うこと。
　　高年齢労働者を対象とした教育においては、作業内容とそのリスクについての理解を得やすくするため、十分な時間をかけ、写真や図、映像等の文字以外の情報も活用すること。中でも、高年齢労働者が、再雇用や再就職等により経験のない業種や業務に従事する場合には、特に丁寧な教育訓練を行うこと。

　　併せて、加齢に伴う健康や体力の状況の低下や個人差の拡大を踏まえ、以下の点を考慮して安全衛生教育を計画的に行い、その定着を図ることが望ましいこと。
・高年齢労働者が自らの身体機能の低下が労働災害リスクにつながることを自覚し、体力維持や生活習慣の改善の必要性を理解することが重要であること。

・高年齢労働者が働き方や作業ルールにあわせた体力チェックの実施を通じ、自らの身体機能の客観的な認識の必要性を理解することが重要であること。

・高年齢労働者にみられる転倒災害は危険に感じられない場所で発生していることも多いため、安全標識や危険箇所の掲示に留意するとともに、わずかな段差等の周りの環境にも常に注意を払うよう意識付けをすること。

・高年齢労働者に対して、サービス業の多くでみられる軽作業や危険と認識されていない作業であっても、災害に至る可能性があることを周知すること。

・勤務シフト等から集合研修の実施が困難な事業場においては、視聴覚教材を活用した教育も有効であること。

・危険予知トレーニング（KYT）を通じた危険感受性の向上教育や、VR技術を活用した危険体感教育の活用も考えられること。

・介護を含むサービス業ではコミュニケーション等の対人面のスキルの教育も労働者の健康の維持に効果的であると考えられること。

・IT機器に詳しい若年労働者と現場で培った経験を持つ高年齢労働者がチームで働く機会の積極的設定等を通じ、相互の知識経験の活用を図ること。

(2) 管理監督者等に対する教育

事業場内で教育を行う者や当該高年齢労働者が従事する業務の管理監督者、高年齢労働者と共に働く各年代の労働者に対しても、高年齢労働者に特有の特徴と高年齢労働者に対する安全衛生対策についての教育を行うことが望ましいこと。

この際、高齢者労働災害防止対策の具体的内容の理解に資するよう、高年齢労働者を支援する機器や装具に触れる機会を設けることが望ましいこと。

事業場内で教育を行う者や高年齢労働者が従事する業務の管理監督者に対しての教育内容は以下の点が考えられること。

・加齢に伴う労働災害リスクの増大への対策についての教育

・管理監督者の責任、労働者の健康問題が経営に及ぼすリスクについての教育

また、こうした要素を労働者が主体的に取り組む健康づくりとともに体系的キャリア教育の中に位置付けることも考えられること。

併せて、高年齢労働者が脳・心臓疾患を発症する等緊急の対応が必要な状況が発生した場合に、適切な対応をとることができるよう、職場において救命講習や緊急時対応の教育を行うことが望ましいこと。

第3　労働者に求められる事項

　　生涯にわたり健康で長く活躍できるようにするために、一人ひとりの労働者は、事業者が実施する取組に協力するとともに、自己の健康を守るための努力の重要性を理解し、自らの健康づくりに積極的に取り組むことが必要である。また、個々の労働者が、自らの身体機能の変化が労働災害リスクにつながり得ることを理解し、労使の協力の下、以下の取組を実情に応じて進めることが必要である。

・高年齢労働者が自らの身体機能や健康状況を客観的に把握し、健康や体力の維持管理に努めること。なお、高齢になってから始めるのではなく、青年、壮年期から取り組むことが重要であること。

・事業者が行う労働安全衛生法で定める定期健康診断を必ず受けるとともに、短時間勤務等で当該健康診断の対象とならない場合には、地域保健や保険者が行う特定健康診査等を受けるよう努めること。

・事業者が体力チェック等を行う場合には、これに参加し、自身の体力の水準について確認し、気付きを得ること。

・日ごろから足腰を中心とした柔軟性や筋力を高めるためのストレッチや軽いスクワット運動等を取り入れ、基礎的な体力の維持と生活習慣の改善に取り組むこと。

・各事業所の目的に応じて実施されているラジオ体操や転倒予防体操等の職場体操には積極的に参加すること。また、通勤時間や休憩時間にも、簡単な運動を小まめに実施したり、自ら効果的と考える運動等を積極的に取り入れること。

・適正体重を維持する、栄養バランスの良い食事をとる等、食習慣や食行動の改善に取り組むこと。

・青年、壮年期から健康に関する情報に関心を持ち、健康や医療に関する情報を入手、理解、評価、活用できる能力（ヘルスリテラシー）の向上に努めること。

第4　国、関係団体等による支援の活用

　　事業者は、第2の事項に取り組むに当たり、以下に掲げる国、関係団体等による支援策を効果的に活用することが望ましいこと。

⑴　中小企業や第三次産業における高齢者労働災害防止対策の取組事例の活用

　　厚生労働省、労働災害防止団体及び独立行政法人高齢・障害・求職者雇用支援機構（以下「JEED」という。）のホームページ等で提供されている中小企業や第三次産業を含む多くの事業場における高齢者労働災害防止対策の積極的な取組事例を参考にすること。

⑵　個別事業場に対するコンサルティング等の活用

　　中央労働災害防止団体や業種別労働災害防止団体等の関係団体では、JEED等の関係

機関と協力して、安全管理士や労働安全コンサルタント、労働衛生コンサルタント等の専門家による個別事業場の現場の診断と助言を行っているので、これらの支援を活用すること。

　また、健康管理に関しては、健安機構の産業保健総合支援センターにおいて、医師、保健師、衛生管理者等の産業保健スタッフに対する研修を実施するとともに、事業場の産業保健スタッフからの相談に応じており、労働者数 50 人未満の小規模事業場に対しては、地域産業保健センターにおいて産業保健サービスを提供しているので、これらの支援を活用すること。

⑶　エイジフレンドリー補助金等の活用

　高年齢労働者が安心して安全に働く職場環境の整備に意欲のある中小企業における取組を支援するため、厚生労働省で実施する補助制度（エイジフレンドリー補助金等）を活用して、職場環境の改善を図ること。

⑷　社会的評価を高める仕組みの活用

　厚生労働省では、高年齢労働者のための職場環境の改善の取組を評価項目として考慮した労働災害防止に係る表彰、好事例コンクール等を実施し、高齢者労働災害防止対策に積極的に取り組む事業場の社会的評価の向上に取り組んでいることから、これらを活用すること。

⑸　職域保健と地域保健の連携及び健康保険の保険者との連携の仕組みの活用

　職域保健と地域保健との連携を強化するため、各地域において地域・職域連携推進協議会が設置され、地域の課題や実情に応じた連携が進められているところである。また、健康保険組合等の保険者と企業が連携して労働者の健康づくりを推進する取組も行われている。

　具体的には、保険者による事業者に対する支援策等の情報提供や、保健所等の保健師や管理栄養士等の専門職が、事業場と協働して、事業協同組合等が実施する研修やセミナーで、地域の中小事業者に対して職場における健康づくりや生活習慣改善について講話や保健指導を実施するといった取組が行われており、これらの支援を活用すること。

（令和 2 年 3 月 16 日基安発 0316 第 1 号　別添）

【参考資料3】

エイジアクション 100　高年齢労働者の安全と健康確保のためのチェックリスト

番　号	チ ェ ッ ク 項 目 （100の「エイジアクション」）	結　果	
			優先度
1	**高年齢労働者の戦力としての活用**		
1	高年齢労働者のこれまでの知識と経験を活かして、戦力として活用している。		
2	**高年齢労働者の安全衛生の総括管理**		
	⑴ 基本方針の表明		
2	高年齢労働者の対策も盛り込んで、安全衛生対策の基本方針の表明を行っている。		
	⑵ 高年齢労働者の安全衛生対策の推進体制の整備等		
3	高年齢労働者の対策も盛り込んで、安全衛生対策を推進する計画を策定している。		
4	加齢に伴う身体・精神機能の低下による労働災害発生リスクに対応する観点から、高年齢労働者の安全衛生対策の検討を行っている。		
5	高年齢労働者による労働災害の発生リスクがあると考える場合に、相談しやすい体制を整備し、必要に応じて、作業内容や作業方法の変更、作業時間の短縮等を行っている。		
3	**高年齢労働者に多発する労働災害の防止のための対策**		
	⑴ 転倒防止		
	① つまずき、踏み外し、滑りの防止措置		
6	通路の十分な幅を確保し、整理・整頓により通路、階段、出入口には物を放置せず、足元の電気配線やケーブルはまとめている。		
7	床面の水たまり、氷、油、粉類等は放置せず、その都度取り除いている。		
8	階段・通路の移動が安全にできるように十分な明るさ（照度）を確保している。		
9	階段には手すりを設けるほか、通路の段差を解消し、滑りやすい箇所にはすべり止めを設ける等の設備改善を行っている。		
10	通路の段差を解消できない箇所や滑りやすい箇所が残る場合は、表示等により注意喚起を行っている。		
	② 安全な作業靴の着用		
11	作業現場の環境に合った耐滑性があり、つまずきにくい作業靴を着用させている。		
	③ 歩行時の禁止事項		
12	書類や携帯電話を見ながらの「ながら歩き」、ポケットに手を入れた「ポケットハンド」での歩行や「廊下を走ること」は禁止している。		
	④ 危険マップ等の作成・周知		
13	ヒヤリ・ハット情報を活用して、転倒しやすい箇所の危険マップ等を作成して周知している。		
	⑵ 墜落・転落防止		
	① 高所作業の回避		
14	高所作業をできる限り避け、地上での作業に代えている。		

番 号	チェック項目（100の「エイジアクション」）	結 果	
			優先度
②	**作業床・手すり等の設置**		
15	高所で作業をさせる場合には、安全に作業を行うことができる広さの作業床を設けて、その端や開口部等には、バランスを崩しても安全な高さの囲い、手すり、覆い等を設けている。		
③	**保護具の使用**		
16	高所で作業をさせる場合には、ヘルメット（「飛来・落下物用」と「墜落時保護用」の規格をともに満たすもの。以下同じ。）を着用させた上で、墜落制止用器具を使用させている。		
④	**墜落・転落防止設備の作業前確認**		
17	高所で作業をさせる場合には、その作業開始前に、作業床や手すり、墜落制止用器具を安全に取り付ける設備等の安全性の確認を行っている。		
⑤	**はしご・脚立の使用の回避**		
18	はしごや脚立の使用をできる限り避け、移動式足場や作業台等を使用させている。		
⑥	**はしご・脚立の安全使用**		
19	はしごや脚立を使用させる場合には、ヘルメットを着用させた上で、安全な方法で使用させている。		
⑶ **腰痛予防**			
①	**作業姿勢**		
20	ひねり、前かがみ、中腰等の不自然な作業姿勢を取らせないようにしている。		
21	肘（ひじ）の曲げ角度が90度になるように、作業台の高さを調節している。		
22	同一作業姿勢を長時間取らせないようにしている。		
23	不自然な姿勢を取らざるを得ない場合や反復作業を行わせる場合には、休憩・休止をはさんだり、他の作業と組み合わせることにより、できる限り連続しないようにしている。		
②	**重量物の取扱い**		
24	重量物の取扱作業を、できる限り少なくしている。		
25	重量物を取り扱う場合には、機械（台車・昇降装置・バランサー等）による自動化・省力化、腰痛予防ベルト・アシストスーツ等の活用による負担の軽減を行っている。		
26	重量物の重量や外観から判断できない偏った重心の位置を、できる限り明示している。		
③	**介護・看護作業**		
27	要介護者のベッドから車いす等への移乗介助等には、介護用リフト、スライディングボード・シート等を活用している。		
⑷ **はさまれ・巻き込まれ防止**			
①	**ガードの設置**		
28	機械の危険な部分には、バランスを崩しても、接触することがない高さのガード（囲い、柵、扉、カバー等）を設けて防護するとともに、そのガードには、ぶつかっても怪我をしないようにクッションをつけている。		
②	**安全装置の設置**		
29	身体の一部が機械と接触する前に、機械が安全側に停止する安全装置を設けている。		
③	**標識・表示等**		
30	機械の危険な部分は、見やすい標識・表示等により注意喚起を行っている。		
④	**機械の保守・点検時の停止**		
31	機械を停止させて、点検中等の表示をした上で、機械の清掃・修理等の保守・点検を行っている。		

番 号	チ ェ ッ ク 項 目 （100の「エイジアクション」）	結　果	
		優先度	
⑤	服装の確認		
32	上着やズボンの裾は巻き込まれるおそれがないか、袖のボタンはかけているか等について、作業開始前に確認している。		
⑥	安全装置の確認		
33	安全カバー・安全囲い等を取り外した場合には、機械が停止することを確認している。		
⑸	交通労働災害防止		
①	適正な労働時間管理・走行管理		
34	長時間走行、深夜・早朝時間帯や悪天候時の走行を避け、走行計画は十分な休憩時間・仮眠時間を確保した余裕のあるものにしている。		
②	安全健康問いかけ等		
35	疲労、飲酒、睡眠不足等で安全な運転ができないおそれがないかについて、運転開始前に、問いかけやアルコールチェッカー等により確認している。		
③	運転適性の検査		
36	運転適性検査や睡眠時無呼吸症候群の検査を定期的に行っている。		
④	交通安全教育の実施		
37	睡眠不足、飲酒や薬剤等による運転への影響のほか、長年の「慣れ」等によって、安全確認や運転操作がおろそかにならないように、交通安全教育を行っている。		
38	自動車運転を専門とする運転手については、ドライブ・レコーダーの記録や添乗チェック等により運転技能を確認して、運転指導を行っている。		
⑤	交通安全情報マップの作成・周知		
39	交通事故発生状況、デジタル・タコグラフ、ヒヤリ・ハット事例等に基づき、危険な箇所、注意事項等を記載した交通安全情報マップを作成して周知している。		
⑥	先進安全技術を搭載した車両の導入		
40	自動ブレーキ、ペダル踏み間違い時加速抑制装置等の先進安全技術を搭載した車両を導入している。		
⑦	異常気象時等の対応		
41	急な天候の悪化や異常気象の場合には、安全の確保のための走行中止、徐行運転や一時待機等の必要な指示を行っている。		
⑧	点検・整備		
42	定期点検整備のほかに、乗車・走行前に、必要に応じて、日常点検整備を行って、車両の保守管理を適切に行っている。		
⑹	熱中症予防		
①	作業計画の策定等		
43	天気予報や熱中症予報で把握した熱中症発生の危険度に応じて、作業の中止、作業時間の短縮等ができるように、余裕を持った作業計画を立てている。		
②	暑さ指数（WBGT値）の把握		
44	暑さ指数（WBGT値）を測定して、基準値を超える（おそれのある）作業場所（高温多湿作業場所）については、必要な熱中症予防対策を行っている。		
③	暑さ指数を下げるための設備の整備		
45	簡易な屋根、通風・冷房設備や、ミストシャワー等の暑さ指数を下げるための設備を整備している。		

第5章

参考資料

番 号	チ ェ ッ ク 項 目 （100の「エイジアクション」）	結 果	
			優先度
④	**休憩場所の整備**		
46	作業場所の近くに冷房を備えた休憩場所や日陰等の涼しい休憩場所を整備している。		
⑤	**涼しい服装**		
47	クールジャケット等の透湿性・通気性のよい服を着用させるとともに、直射日光下では、通気性の良い帽子（クールヘルメット等）を着用させている。		
⑥	**作業時間の短縮等**		
48	暑さ指数が高いときは、作業の中止、作業時間の短縮、こまめな休憩、身体作業強度の低い作業への変更、作業場所の変更等を行っている。		
⑦	**熱への順化**		
49	暑さに慣れるまでの間（梅雨明け直後、長期の休み明け等）は十分な休憩を取り、1週間程度以上かけて除々に身体を慣らすようにしている。		
⑧	**水分・塩分の摂取**		
50	自覚症状の有無に関わらず、定期的に水分・塩分を摂取させている。		
⑨	**健康診断の有所見者への対応**		
51	健康診断結果に所見のある高年齢労働者に、高温多湿作業場所で作業をさせる場合には、医師の意見を聴いて、適切な就業上の措置（作業時間の短縮、就業場所や作業内容の変更等）を行っている。		
⑩	**健康問いかけ**		
52	作業開始前に、睡眠不足や体調不良の有無等の問いかけを行って、健康状態を確認している。		
⑪	**作業中の巡視**		
53	高温多湿作業場所での作業中は、巡視を頻繁に行って、暑熱環境や健康状態等を確認している。		
4　高年齢労働者の作業管理			
(1) 作業内容の調整や作業開始前の準備体操			
54	高年齢労働者の身体・精神機能には個人差が大きいことを踏まえて、個々人の状況に応じて、作業負荷が大きすぎないように、作業内容をきめ細かく調整している。		
55	作業開始前に、準備体操やストレッチ体操を行い、体を十分にほぐしてから作業に着手できるようにしている。		
(2) 作業負荷の軽減			
56	強い筋力を要する作業や長時間にわたって筋力を使用する作業は減らしている。		
57	呼吸が乱れるような速い動作を伴う作業や瞬時の判断を必要とする作業をなくすとともに、緊急の場合でも、過度な作業負荷がかからないようにしている。		
(3) 作業ペースや作業量のコントロール			
58	担当する作業の量や到達点を事前に明示するほか、自らの作業の進捗状況を確認できるようにしている。		
59	作業負荷が大きくなりすぎないように、作業ペースや作業量を個々人に合ったものとなるように調整している。		
(4) 休憩・休止			
60	休憩時間のほかに、トイレに行くための時間や作業の休止時間を取ることができるようにしている。		
61	高度な注意の集中を必要とする作業の継続時間が、長くなりすぎないようにしている。		
62	疲労やストレスを効果的に癒すことができる休憩室、シャワー室、相談室、運動施設等を設置している。		

番　号	チ ェ ッ ク 項 目 （100 の「エイジアクション」）	結　果	
		優先度	

5　高年齢労働者の作業環境管理

(1) 視覚環境の整備

63	書面・ディスプレイ（表示画面）、掲示物等の文字の大きさや色合いは、見やすくなるように工夫している。		
64	手元や文字が見やすくなるように、職場の明るさを確保している。		
65	近い距離での細かい作業を避けて、見やすくなるように、作業者と作業対象物との距離を調整している。		

(2) 聴覚環境の整備

66	会話を妨げる背景騒音の音量を小さくし、警報音を聞き取りやすくしている。		
67	会話を聞き取りやすくなるように工夫するほか、聞き取りが難しい場合には、見て分かる方法（書面、回転灯、タワーランプ等）によっている。		

(3) 寒冷環境への対応

68	寒冷環境に長時間さらされないように作業計画を立てている。		
69	寒冷環境下での作業を開始する前に、体を温めるための準備運動を行うとともに、作業時は、保温性のある防寒具（服装、手袋、帽子、靴等）を着用させている。		

6　高年齢労働者の健康管理

(1) 健康診断と事後措置の確実な実施等

①　健康診断の確実な実施等

70	病気であったり、体調が不良であったりする高年齢労働者も見られること等を踏まえて、きめ細かな健康管理を行っている。		
71	法令に基づく健康診断の対象外となる場合もある定年退職後に再雇用された短時間勤務者や隔日勤務者等についても、健康診断を実施している。		

②　健康診断の事後措置

72	健康診断結果に所見がある場合には、医師等の意見を勘案して、就業上の措置（作業時間の短縮、作業内容の変更等）を確実に行っている。		
73	所見のある健康診断結果を踏まえて、医師等から意見を聴取する際には、医師等が判断を行うに当たって必要となる本人の就業状況に関する情報（作業時間、作業内容等）を的確に提供している。		

③　保健指導、健康相談等

74	保健指導や健康相談等においては、健康診断の有所見の状況やその経年的な変化に応じて、必要となる具体的な取組内容（運動、休養・睡眠、食事、節度ある飲酒、禁煙、口腔衛生等）を指示している。		

④　精密検査や医療機関への受診の勧奨

75	健康診断において生活習慣病が把握された場合には、保健指導による進行の抑制に加えて、精密検査や医療機関への受診の勧奨を行っている。		
76	健康診断において職務遂行能力に大きな影響を及ぼす視力や聴力等に所見がある場合には、精密検査や医療機関への受診の勧奨を行っている。		

⑤　病気休職後の職場復帰

77	医療機関への受診終了後においても、休職前の体調にまでには未回復であったり、体力が低下していたりする場合も見られること等を踏まえて、病気休職後の職場復帰が円滑にできるように就業上の配慮を行っている。		

番　号	チェック項目（100の「エイジアクション」）	結　果	
		優先度	
⑥	**体調不良時等に対応できる体制の整備**		
78	体調不良等の場合に、職場で休養できる部屋を確保するとともに、すぐに医療機関等を受診できる体制を整備している。		
(2) **メンタルヘルスケア**			
①	**高年齢労働者の特性への配慮**		
79	高年齢労働者の特性（職場における役割の変化、病気・体調不良、睡眠の質の低下等に伴うストレスの増加やストレス耐性の低下等）を踏まえたメンタルヘルスケアを行っている。		
②	**研修・情報提供**		
80	高年齢労働者や管理監督者に対して、メンタルヘルスケアについての研修や情報提供を行っている。		
③	**相談窓口の設置**		
81	メンタルヘルスケアについての相談窓口の設置等の相談しやすい環境を整備している。		
④	**ストレスチェック**		
82	ストレスチェック（ストレスの状況を把握するための検査）を実施して、作業時間の短縮、作業内容の変更等の就業上の措置や職場環境の改善を行っている。		
⑤	**職場復帰の支援**		
83	メンタルヘルス不調により休職した場合に、円滑に職場復帰できるようにするためのプログラムを定めている。		
(3) **転倒・腰痛等の予防のための体力測定・運動指導**			
84	転倒・腰痛等に関連する体力測定やその予防のための筋トレ・ストレッチ体操等の運動指導を行っている。		
(4) **がんの教育と検診**			
85	がんについての理解を促す健康教育を行うとともに、がん予防につながる生活習慣の改善（禁煙等）の指導を行っている。		
86	がん検診を実施したり、健康保険組合等や市町村が実施するがん検診の受診勧奨を行っている。		
7　高年齢労働者に対する安全衛生教育			
(1) **安全衛生教育の確実な実施**			
87	法令で定められた安全衛生教育を確実に実施している。		
(2) **加齢に伴う身体・精神機能の低下に対応するための安全衛生教育**			
88	加齢に伴う身体・精神機能の低下による労働災害発生リスクを低減させるための安全衛生教育を行っている。		
(3) **教育・指導の実施に当たっての高年齢労働者の特性への配慮**			
89	「ベテランだから大丈夫」という先入観は持たないで、十分な時間をかけて、教育・指導を行っている。		
8　高年齢労働者の勤労条件			
(1) **勤務形態・労働時間**			
90	定年退職・再雇用後は、希望すれば、働きやすい柔軟な勤務制度・休暇制度を利用できるようにしている。		
(2) **夜勤**			
91	できる限り夜勤を避けるとともに、夜勤をさせる場合には、心身の負担を軽減するように夜勤シフトや休日を調整している。		

番号	チェック項目 （100の「エイジアクション」）	結果 優先度
	⑶ 安全や健康の確保に配慮した職務配置	
92	高年齢労働者の健康状態、身体・精神機能の状態等を踏まえて、安全や健康の確保に支障がないように職務配置を行っている。	
	⑷ 高年齢労働者の円滑な職場適応	
93	高年齢労働者の職場における役割を明確にするとともに、円滑に職場に適応できるように、きめ細かな目配りを行っている。	
	⑸ 治療と仕事との両立支援	
94	治療と仕事との両立を図りながら、安心して働けるように必要な支援や環境整備を行っている。	
9	**高齢期に健康で安全に働くことができるようにするための若年時からの準備（エイジ・マネジメント）**	
	⑴ 健康づくりの支援	
95	高齢期になっても元気に働くことができるように、若年時から、運動指導、生活習慣指導（休養・睡眠、食事、節度ある飲酒、禁煙等）等の健康教育、口腔衛生等の健康づくりの支援を行っている。	
	⑵ 女性特有の健康上の課題（母性健康管理、乳がん・子宮がん、更年期障害、骨粗しょう症等）についての支援	
96	妊娠・出産に伴う体調不良や更年期障害の症状が強い場合には、就業上の配慮や産婦人科の受診勧奨を行っている。	
97	乳がんや子宮がんについて、女性労働者に対する健康教育を行うとともに、がん検診の実施、健康保険組合等や市町村が実施するがん検診の受診勧奨を行っている。	
98	若年時から、更年期以降の骨粗しょう症についての健康教育を行うとともに、極端なダイエットの防止等の食事指導や運動習慣づくりの支援を行っている。	
	⑶ 長時間労働の抑制やワーク・ライフ・バランスの確保	
99	仕事により心身の健康を害することのないように、若年時から、長時間労働の抑制やワーク・ライフ・バランスの確保を行っている。	
	⑷ キャリア形成の支援	
100	若年時から、高齢期までを見据えたキャリア形成の支援を行うとともに、高齢期を迎える前に、今後のキャリアについて考える機会を提供している。	

（注1）「結果」欄の記入方法は、以下のとおりです。
・「○」：取組を既に行っており、現行のままでよい。
・「×」：取組を行っていない、又は行っているが、さらに改善が必要。
・「−」：対象業務なし、又は検討の必要なし。

（注2）「優先度」欄は、優先して改善の取組を行う必要があると考える項目にチェックを入れます。

（参考・引用文献）

第1章　エイジフレンドリーガイドライン、その他法令の動き

1）　萱沼美香、高齢者雇用政策の変遷と現状に関する一考察、Discussion Paper December、九州産業大学産業経営研究所、48、1-25、2010

2）　浅尾裕、日本における高年齢者雇用及び関連する諸制度の推移と課題―定年延長と雇用継続措置を中心として―、海外労働情報14-09　第14回日韓ワークショップ報告書、19-48、労働政策研究・研修機構（JILPT）、2014

3）　森戸英幸、高年齢者雇用安定法―2004年改正の意味するもの、日本労働研究雑誌、No.642、5-12、2014

4）　柳澤武、雇用対策法10条（年齢制限禁止規定）の意義と効果、日本労働研究雑誌、No.642、23-30、2014

5）　柳澤武、高年齢者雇用の法政策―歴史と展望、日本労働研究雑誌、No.674、pp66-75、2016

6）　矢田部光一、日本企業における定年制度の実態と問題点、政経研究　第53巻、第4号、29-69、2017

7）　改正高年齢者雇用安定法概要、厚生労働省、
https://www.mhlw.go.jp/content/11600000/000626609.pdf

8）　高齢者雇用に関する調査2020、連合Press Release 2020年1月30日、
https://www.jtuc-rengo.or.jp/info/chousa/data/20200130.pdf?44

9）　完全生命表における平均余命の年次推移、厚生労働省、
https://www.mhlw.go.jp/toukei/saikin/hw/life/19th/gaiyo.html

10）　年齢階級別労働力率、独立行政法人労働政策研究・研修機構、
https://www.jil.go.jp/kokunai/statistics/timeseries/html/g0203_02.html

第3章　エイジフレンドリーガイドライン

3　高年齢労働者の健康や体力の状況の把握

1）　厚生労働省：平成29（2017）年度患者調査の概況、
https://www.mhlw.go.jp/toukei/saikin/hw/kanja/17/index.html
（令和2年8月10日参照）

2）　慶応義塾大学病院　医療・健康情報サイトKOMPAS、
http://kompas.hosp.keio.ac.jp/contents/000207.html（令和2年8月10日参照）

3）　厚生労働省：平成31年/令和元年労働災害発生状況　労働災害発生状況の分析等、
https://www.mhlw.go.jp/bunya/roudoukijun/anzeneisei11/rousai-hassei/dl/s19-16.pdf
（令和2年8月10日参照）

4） 厚生労働省：高年齢労働者の安全と健康確保のためのガイドライン（エイジフレンドリーガイドライン）

https://www.mhlw.go.jp/content/11302000/000609494.pdf

5） 文部科学省：新体力テスト実施要項（65 歳〜 79 歳対象）

https://www.mext.go.jp/component/a_menu/sports/detail/__icsFiles/afieldfile/
2010/07/30/1295079_04.pdf（令和 2 年 8 月 10 日参照）

6） 厚生労働省：「労働者の心身の状態に関する情報の適正な取扱いのために事業者が講ずべき措置に関する指針（平成 30 年 9 月 7 日労働者の心身の状態に関する情報の適正な取扱い指針公示第 1 号）

https://www.mhlw.go.jp/content/11303000/000343667.pdf

5　安全衛生教育

1） 日本版救急蘇生ガイドライン策定小委員会「改訂 5 版救急蘇生法の指針 2015（市民用）」（ヘルス出版）

7　国、関係団体等による支援の活用

1）「65 超雇用推進事例サイト」https://www.elder.jeed.or.jp/

2）「生涯現役社会の実現に向けた競争力を高めるための高齢者雇用〜パフォーマンス向上のためのポイント集」https://www.jeed.or.jp/elderly/data/suguwakaru.html

第 5 章　参考資料

執筆者（50 音順）

木田　　明　（トヨタ自動車株式会社　安全健康推進部　健康推進室　主幹）
　　　　　　※「人生 100 年時代に向けた高年齢労働者の安全と健康に関する有識者会議」の際
　　　　　　　は同社健康推進室　室長

城内　　博　（日本大学理工学部　まちづくり工学科　特任教授）

鈴木　信生　（一般社団法人　日本労働安全衛生コンサルタント会　副会長）

高木　元也　（独立行政法人　労働者健康安全機構　労働安全衛生総合研究所　安全研究領域長兼
　　　　　　　建設安全研究グループ部長）

乍　　智之　（ＪＦＥスチール株式会社　西日本製鉄所（倉敷地区）　安全健康室　ヘルスサポー
　　　　　　　トセンター主任部員（係長））

松田　晋哉　（産業医科大学　医学部　公衆衛生学　産業保健データサイエンスセンター教授）

松葉　　斉　（中央労働災害防止協会　健康快適推進部長）

矢田　玲湖　（独立行政法人　高齢・障害・求職者雇用支援機構　職業リハビリテーション部長）
　　　　　　※「人生 100 年時代に向けた高年齢労働者の安全と健康に関する有識者会議」の際
　　　　　　　は同機構雇用・推進研究部長

［所属・役職は、第 1 版執筆時］

高年齢労働者が安全・健康に働ける職場づくり
～エイジフレンドリーガイドライン活用の方法～

令和 2 年 11 月 10 日　第 1 版第 1 刷発行
令和 5 年 6 月 23 日　　　　　第 2 刷発行

編　　者　　中 央 労 働 災 害 防 止 協 会
発 行 者　　平 山　　　剛
発 行 所　　中 央 労 働 災 害 防 止 協 会
　　　　　　〒 108-0023
　　　　　　東 京 都 港 区 芝 浦 3 丁 目 17 番 12 号
　　　　　　　　　　　　　　　　吾 妻 ビ ル 9 階
　　　　　　電話　販売　03(3452)6401
　　　　　　　　　　編集　03(3452)6209
印刷・製本　　株 式 会 社 丸 井 工 文 社
イ ラ ス ト　　ミ ヤ チ ヒ デ タ カ
デ ザ イ ン　　ア ・ ロ ゥ デ ザ イ ン

落丁・乱丁本はお取り替えいたします　　　　　©JISHA2020
ISBN978-4-8059-1957-6　C3060

中災防ホームページ　https://www.jisha.or.jp/